월급쟁이
건물주로
은퇴하라

평범한 직장인이 20대에 100억 건물주가 된 방법

월급쟁이 건물주로 은퇴하라

영끌남 지음

코주부 북스

지극히 평범한 당신도
건물주가 될 수 있다

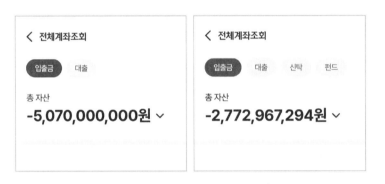

2024년 −50억 원이던 내 신한은행 통장 대출잔고는 1년만에 −27억 원으로 줄어들었다. 23억 원을 벌었다. 내 계좌를 보고 사람들은 어떻게 반응할까? 아무런 지식이 없는 사람들은 나에게 이렇게 말한다.

첫째, '50억 원의 빚이 27억 원이 되었구나. 아휴, 어떻게 살아? 힘내란 말도 못하겠다 야..'

둘째, '빚도 능력인데 저 정도의 빚을 진다는 건 그냥 금수저네. 넌

돈이 많구나?'

하지만 나는 절대 돈이 많은 게 아니다. 자산이 많은 거지. 자산은 내가 가진 빚도 포함된다. 그렇다. 나는 빚이 많다. 실제로 나를 까 보면? 아무것도 없다. 그냥 빛 좋은 개살구다.

하지만 나는 왜 이런 말도 안 되는 투자를 할까? 끝내는 빛을 발하는 순간이 오기 때문이다. 그게 언제일까? 바로 적절한 레버리지 투자 그리고 그 이후 매각을 통한 차익 실현을 보았을 때다. -50억 원이었던 계좌가 하루아침에 -27억 원이 되면서 순자산 23억 원이 생긴 것처럼 말이다.

넌 금수저라서 가능한 거라고? 아니다. 단기적인 매각을 통해서 빚을 줄여나가고 다시 시장의 급매를 매수해서 빚을 늘려나간다. 나도 이 책을 펼친 당신과 같은 평범한 인간이며, 시화공단에서 일하는 월급 150만 원 노동자였다.

TV에서, 유튜브에서, 인스타그램에서는 항상 이렇게 떠든다.
'연예인 김x씨가 건물을 매입했다 합니다.'
'한남동 100억 원 건물주의 신상이 공개되었습니다. 초등학생이라 합니다.'
'연예인 김x씨와 한남동 초등학생 건물주는 수십억 원의 차액을 거두었다고 합니다.'

대부분은 나에게는 해당되지 않는, 먼 미래 이야기로 생각한다.

하지만 나는 반대로 생각했다.

'그들은 어떻게 건물주가 될 수 있었을까? 미래의 내 자녀도 건물주로 만들어 주고 싶다.'

그래서 2013년 군대 전역 이후 나는 다니던 학교를 그만두었다. 그리고 직장에 취업했다. 현금 흐름을 만들기 시작했고, 10년간 어떻게 그들이 건물주가 되었는지 분석하기 시작했다. 하지만 생각보다 나에게 고급 정보를 알려주는 이는 많지 않았다. 그 과정에서 나는 많은 시행착오를 겪었다. 그렇게 10년이 지났다. 평범한 직장인이었던 나는 100억 원 이상의 자산가가 되었다. 그래서 그 자랑을 하려고 이 책을 쓴 거냐고? 아니다. 당신에게, 월급쟁이도 건물주로 은퇴할 수 있다는 사실을 구체적인 방법을 통해 알려주기 위함이다.

나는 인천 영흥도 외딴 섬에 위치한 이 펜션을 중고나라에서 샀다.

부동산매매계약서

매도인과 매수인 쌍방은 아래 표시 부동산에 관하여 다음 내용과 같이 매매계약을 체결한다.
1. 부동산의 표시

소 재 지	인천광역시 옹진군 영흥면 외리 7-35						
토 지	지 목	임야	대지권의 비율 1/1			면 적	932㎡
건 물	구 조	철근콘크리트	용 도	근린생활시설및숙박시설		전용면적	689.14㎡

2. 계약내용
제 1 조 (목적) 위 부동산의 매매에 있어 매도인과 매수인은 합의에 의하여 매매대금을 아래와 같이 지불하기로 한다.

매매대금	金 일십일억원정	(₩1,100,000,000)		
계약금	金 일억원정	(₩100,000,000) 은 계약시에 지불하고 영수함. 영수자		印
잔 금	金 일십억원정	(₩1,000,000,000) 은 2023년 06월 09일 에 지불한다.		

2023년 6월, 11억 원에 펜션을 매수했다. 내 돈 1억 원에 대출 10억 원으로 매수했다.

부동산매매계약서

매도인과 매수인 쌍방은 아래 표시 부동산에 관하여 다음 내용과 같이 매매계약을 체결한다.
1. 부동산의 표시

소 재 지	인천광역시 옹진군 영흥면 외리 7-35.						
토 지	지 목	임야	대지권의 비율 1/1			면 적	932㎡
건 물	구 조	철근콘크리트	용 도	근린생활시설및숙박시설		전용면적	689.14㎡

2. 계약내용
제 1 조 (목적) 위 부동산의 매매에 있어 매도인과 매수인은 합의에 의하여 매매대금을 아래와 같이 지불하기로 한다.

매매대금	金 이십사억팔천만원정	(₩2,480,000,000)		
계약금	金 이억원정	(₩200,000,000) 은 계약시에 지불하고 영수함. 영수자		
잔 금	金 이십이억팔천만원정	(₩2,280,000,000) 은 2024년 06월 28일 에 지불		

그리고 2024년 6월, 나는 이 펜션 건물을 24억 8천만 원에 매각했다. 내가 벌어들인 수익은 13억 8천만 원. 물론 펜션을 운영하면서 거둬들인, 매월 3천만 원의 수익은 덤이다.

그런데 1억이 없다면?

위 투자방식은 하지 못하는 투자였다고 치자.

그럼 돈이 하나도 없을 때는 어떻게 할까?

2022년, 나도 땡전 한 푼 없었지만 50억 원 정도 하는 건물을 사고 싶었다.

그래서 이 건물을 내 돈 0원으로 샀다.

부동산매매계약서						
매도인과 매수인 쌍방은 아래 표시 부동산에 관하여 다음 내용과 같이 매매계약을 체결한다.						
1. 부동산의 표시						
소 재 지						
토 지	지 목	공장용지	대지권의 비율1/1		면 적	571.2㎡
건 물	구 조	철근콘크리트	용 도	근린생활시설	전용면적	1774.84㎡
2. 계약내용						
제 1 조 (목적) 위 부동산의 매매에 있어 매도인과 매수인은 합의에 의하여 매매대금을 아래와 같이 지불하기로 한다.						
매매대금	金 사십사억삼천만원정		(₩4,430,000,000)			
계 약 금	金 사억오천만원정		(₩450,000,000) 은 계약시에 지불하고 영수함. 영수자			印
잔 금	金 삼십구억팔천만원정		(₩3,980,000,000) 은 2023년 01월 31일 에 지불한c			

2023년 1월, 44억 3천만 원에 건물을 샀다. 대출과 세입자 보증금을 통해서 0원이 들었다.

	적요	금액	비고
1	매매가	4,430,000,000	입력값
2	보증금	900,000,000	입력값
3	월세	4,000,000	입력값
4	투자금	3,530,000,000	매매가 - 보증금
5	연수익	48,000,000	월세 × 12
6	**연수익률**	**1.36%**	**연수익 / 투자금 × 100**

	적요	금액	비고
1	매매가	4,430,000,000	입력값
2	보증금	533,070,000	입력값
3	월세	19,680,000	입력값
4	투자금	3,896,930,000	매매가 - 보증금
5	연수익	236,160,000	월세 × 12
6	**연수익률**	**6.06%**	**연수익 / 투자금 × 100**

그리고 임대료 400만 원, 수익률 1%가 나오던 이 건물을 임대료 1,968만 원, 수익률 6% 이상으로 끌어올렸다. 대출 40억 7천만 원에 대한 이자는 1,380만 원. 아무것도 하지 않아도 매월 고정적으로 588만 원이 들어온다. 이는 내가 아침부터 밤까지 주 40시간을, 회사를 위해 일한 값보다 훨씬 큰 보상이다.

감정평가액	오십구억일천오백육십사만칠천팔십원정(₩5,915,647,080.~)					
의 뢰 인			감정평가 목적		유형자산재평가	
채 무 자			제 출 처			
소 유 자 (대상업체명)			기준가치		공정가치	
			감정평가조건		-	
목록표시 근거	등기사항전부증명서, 귀 의뢰목록		기준시점	조사기간		작 성 일
			2023.12.31	2024.03.15		2024.03.19

		공부(公簿)(의뢰)		사 정		감 정 평 가 액	
	종 류	면적 또는 수량(㎡)	종 류	면적 또는 수량(㎡)	단 가	금 액
감 정 평 가 내 용	토지	571.2	토지	571.2	8,880,000	5,072,256,000
	건물	1,774.84	건물	1,774.84	-	843,391,080
		이	하	여	백	
	합 계					₩5,915,647,080.~

심 사 확 인	본인은 이 감정평가서에 제시된 자료를 기준으로 성실하고 공정하게 심사한 결과 이 감정평가내용이 타당하다고 인정하므로 이에 서명날인합니다. 심 사 자 : 감 정 평 가 사

내 투자는 옳은 선택이었을까? 2024년, 감정평가를 받았고 60억 원이라는 평가금액을 받았다. 많이 올랐으니 팔아야겠다. 그리고 현재, 70억 원에 매물로 내놓았다.

0원 투자. 매각 시 25억 7천만 원 수익. 수익률 99,999,999%

첫 번째 사례에 대해 한 번 다시 짚고 넘어가보자.

1억 원을 투자해 산 펜션을 팔아서 14억 원을 벌었을 때, 누군가는 이렇게 말할 수 있다. 운이 좋았다고. 그래 운이 좋았다. 하지만 정말 운만 좋았을까?

- 중고나라에서 건물 급매를 찾는 게 운일까?
- 15억 5천만 원짜리 물건을 운이 좋아서 11억 원까지 깎았을까?
- 운이 좋아서 은행에서 11억 원짜리 건물에 10억 대출을 내줬을까?
- 운이 좋아서 인건비, 이자 비용, 법인세, 부가세를 다 빼고도 3,000만 원이 남았을까?
- 1년도 안돼, 24억 8천만 원에 매수 의사가 있는 매수자를 부동산에서 운이 좋아서 찾아줬을까?

두 번째 사례에 대해서도 한 번 다시 짚고 넘어가보자.

건물을 0원에 사서 매월 600만 원의 월급이 들어오고 있다. 매각시 예상되는 차액은 25억 원. 누군가는 또 이렇게 말할 수 있다. 운이 좋았다고. 그래 운이 좋았다. 하지만 정말 운만 좋았을까?

- 대로변 사거리에 수익률이 안 나오는 코너 건물을 사는 게 운일까?

- 60억 원짜리 물건을 운이 좋아서 44억 원까지 깎았을까?
- 운이 좋아서 은행에서 100% 대출을 받았을까?
- 운이 좋아서 매달 600만 원이 남을까?
- 2년 만에 감정가가 14억 원 올랐고, 매매 가격보다 26억 원 높게 매물을 올리는 결정을 한 것도 운일까?

운도 좋았지만 당연히 내 노력과 실력도 들어갔다. 이런 노력은 금수저이기에 가능할까? 아니다. 누구나 할 수 있다. 방법을 모를 뿐이다. 나도 처음엔 몰랐다. 하지만, 대학교를 그만두고 10년 동안 발로 뛰니까 어느 정도 방향이 보였다.

'월급쟁이가 건물주로 은퇴할 수 있을까?' 라는 질문에 대한 나의 사례 두 가지를 보여줬다. 돈 있는 사람만 할 수 있는 투자기법이라고? 어느 정도 원활한 현금흐름이 있는 사람만 할 수 있는 기법이라고? 그건 다 핑계다. 나 또한 평범한 월급쟁이로 시작했다. 내가 10년간 모아온 부동산에 관한 모든 스킬을 전수받는다면 충분히 가능하다. 10년 간의 시행착오가 있었기에 가능한 운이다. 당신은 10년 간의 시행착오를 겪을 필요가 없다. 왜냐? 이미 내가 10년의 시행착오를 겪으며 얻은 지식과 노하우를 모두 이 책에 담았으니까. 그리고 이건 흙수저건, 금수저건 모두에게 기회가 열려있는 투자 방법이니까.

우리는 어떤 현실에 살고 있는가를 먼저 파악하자. 예를 들어보자.

수도권에 위치한 4억 원의 아파트를 사려고 한다. 매달 500만 원씩 월급을 받는다. 생활비로 200만 원의 지출이 나갔고 그 외에는 다 저금을 했기에 매달 300만 원을 모았다. 그렇게 5년을 저금했다. 그렇게 아무런 소비도 없이 5년을 모았더니 1억 8천만 원이라는 돈이 생겼다. 하지만 분양가는 6억 원으로 올랐다. 자, 이제 남은 4억 2천만 원을 모아야 한다. 10년을 더 모아야 한다. 결혼, 육아 등 새로운 소비가 생기지 않는다는 전제하에 수도권 24평 집을 마련하기 위해서는 월 500만 원 소득으로 '무려' 15년을 모아야 한다. 하지만 서울이라면? 말이 달라진다. 월급만으로 자산을 형성할 수 있다는 믿음을 버려야 한다. 보수적으로 20년을 아무것도 하지 않고 내 집 장만을 위해 애쓴다면, 내 자녀는 성인이 되어있을 것이고 그들에게 어느 정도의 지원을 해주다 보면 내 집 마련은 커녕, 나의 노후도 없다. 이게 우리의 현실이다. 이 현실을 타개하기 위해서 우리는 추가적인 소득을 올려야 한다. 다른 이유가 아니다. 그저 20년 뒤에 내가 살아남기 위해서 필수적으로 해야 하는 것이 투자이다. 명심하자. 투자는 선택이 아니라 필수다.

어른들은 말씀하신다. 차곡차곡 저축해야 한다고. 하지만 그건 우리 부모님 세대나 우리 조부모님 세대에 엄청난 물가상승과 인플레이션을 동반했던, 한국이라는 나라가 후진국에서 선진국의 반열에 오르는 동안의 경제활동 시기에만 가능했던 논리다. 실제로 부모님들은 그 시기를 겪었고, 그때 자산을 축적하셨기에 우리에게 조언하신다. 틀린 말씀은 아니다. 하지만 옆 나라 일본을 보자. 나는 우리나라의 미래는 일본이라고 생각한다. 일본의 잃어버린 30년 동안, 은행에 꼬박꼬박 저축을 한 일본인들은, 저축을 통해 얼마나 큰 부를 누렸을까? 답은 생략하겠다.

내가 받는 월급과 사업소득으로 은퇴를 꿈꾼다면, 이왕이면 건물주로 은퇴하라. 그 꿈을 위해서는 지금부터 준비해야 한다. 그렇다면 어떻게 준비해야 할까?

열심히 살아야 돈을 벌 수 있고, 그래야 잘산다는 시덥잖은 동기부여 경제서적을 원한다면, 아주 예전에 성공해서 현재 경제 상황과 맞지 않는 트렌드를 바탕으로 자신의 성공을 미화하는 자서전을 원한다면 지금 당장 이 책을 덮어라. 나는 이 책에서 내 자랑이 아닌, 내가 쌓아온 10년간의 건물 투자, 아파트 투자, 부동산 실전 스킬을 당신에게 하나도 빠짐없이 전달하고자 한다. 평범한 월급쟁이가, 주부가, 소상공인이 그토록 꿈꾸던 건물주로 은퇴하고 싶다면, 그래서 남은 인생을 바꾸고 싶다면, 이 책을 읽고 체화해 실천하기 바란다. 건물주? 선택 받은 자들만 누리는 꿈이 아니다. 지금 이 책을 보는 당신의 눈앞에 곧 펼쳐질 현실이다.

- 영끌남

차례

프롤로그 지극히 평범한 당신도 건물주가 될 수 있다 • 004

| DIRECTION | 1장
잠자고 있는 당신의 돈을 깨우는 법

01 대출은 빚이 아니다, 빛이다 • 020

02 0원으로 건물 사기 • 033

03 1억 원으로 건물 사보기 • 039

04 내가 아파트가 아닌 건물을 택한 이유 • 054

05 평범한 직장인이 건물주가 되는 방법 • 058

| HOW | 2장
평범한 직장인도 건물주가 될 수 있는 영끌남 투자 메뉴얼

01 초기 자금 마련 방법과 법인 설립 • 066

02 급매물을 찾는 방법과 매수 전략 • 071

03 자금계획 수립하기 • 081

04 실전 계약 꿀팁 • 085

05 공실 리스크? 그게 뭐예요? • 090

06 건물투자의 꽃, 엑시트 • 095

| WHAT | 3장

평범한 직장인이
건물주가 된 실제 사례

01 0원으로 건물주가 된 95년생 군인 출신 프리랜서 • 100

02 신당동 호스텔 건물주가 되어 월 800만 원을 버는 평범한 주부 • 105

03 0원으로 현금흐름을 만들고 대로변 역세권 건물주가 된 30대 여자 • 108

04 0원으로 건물주 돼서 이자 내고도 월 500만 원 가져가는 평범한 직장인 • 112

| CONCEPT | 4장

빠르게 부자가 될 수 있는 필승 공식

01 절대 종잣돈을 마련하고 시작할 필요 없다 • 118

02 건물은 묵혀둬야 한다? 말도 안 되는 소리! • 124

03 이런 건물은 반드시 사야 한다 • 128

04 이런 건물은 반드시 피해야 한다 • 143

05 누구나 위기라고 외칠 그 시점이 바로 투자를 할 기회다 • 147

| WHY | 5장
자본주의 사회에서
반드시 돈 공부를 해야 하는 이유

01 리스크를 지지 않으면 인생이란 게임에서 평생 지게 된다 • 154

02 지금도 현금의 가치는 떨어지고 있다 • 249

03 물가상승률조차 따라가지 못하는 월급 • 257

04 60대 이후 인생을 어떻게 책임질 것인가 • 261

05 나는 부자라서 건물주가 아니다 부자가 되기 위해 건물주를 한다 • 272

| MIND | 6장
평범하게 태어난 당신이
특별하게 사는 방법

01 통장 잔고보다 중요한 건, 당신의 마음 그릇 잔고다 • 282

02 건물주의 조건에 수저의 색 차이는 필요하지 않았다 • 284

03 당신이 만나는 사람 5명의 평균이 바로 당신이다 • 286

04 돈은, 자신을 멀리하는 사람에게 결코 기회를 주지 않는다 • 288

05 '진득히' '오래' 라는 단어를 지금 당장 인생에서 지워라 • 290

06 일단 한번 성공의 맛을 보면, 그 다음부터는 탄탄대로다 • 293

DIRECTION

1장

잠자고 있는
당신의 돈을
깨우는 법

대출은 빚이 아니다, 빛이다

대출이라고 하면 어떤 생각이 떠오르는가? 많은 사람이 빚이라는 단어와 동일시하지만, 나는 대출을 "은행이라는 금융기관을 통해 적법하게 인정받은 투자 도구"로 본다. 내가 하는 투자 방식은 이자를 지불하면서도 그보다 높은 수익률을 창출할 수 있는 자산에 투자하는 방식이다. 그래서 나는 은행에서 대출을 받는다. 하지만 대출에는 두 가지 종류가 있다.

첫 번째, 나의 소비를 위한 대출. 이는 단순히 카드론이나 마이너스 통장 대출을 받아서 생활비나 사치품을 구매하는 대출이다. 즉, 소비로 인해 사라지는 돈을 위한 대출, 이런 대출을 우리는 흔히 "나쁜 대출"이라고 부른다.

두 번째, 자산 취득을 위한 대출. 이 경우는 다르다. 사라지지 않는 자산에 투자하기 위해 저렴한 이자로 대출을 받는 행위는 절대로 나쁜 행위가 아니다. 예를 들어 부동산을 매입하기 위해 저금리 대출을 활용하는 것은, 자산을 증식하는 하나의 전략적 선택이다.

긴 말로 설명하기보다는 내가 실제로 대출을 활용해 자산을 증식했던 사례를 좀 더 자세히 풀어보려 한다. 이미 프롤로그에서 간략하게 보여준 실사례를 확장해서 설명해볼 테니, 대출이 빚이 아니라 어떻게 자산을 불리는 도구가 되는지 직접 확인해보길 바란다.

인천 영흥도에 위치한 펜션

이건 2024년 현재 나의 사례이다. 금리는 올랐지만 건물 가격은 쉽게 내려가지 않는 시장에서, 나는 여전히 투자에 대한 확고한 의지를 가지고 있었다. 앞서 말했듯, 내 건물에서 안정적인 현금흐름을 만들어 이 가치를 통째로 매각할 수 있는 숙박업에 도전하기로 했다. 숙박업을 시작하기 위해 전국의 수많은 매물을 뒤졌지만, 이미 건물 투자 6년 차인 내 눈에 차는 완벽한 매물을 찾기는 어려웠다. 그렇게 포기하려던 찰나, 내가 거주하고 있는 인천 영흥도에서 이 펜션을 발견했다. 그런데 어디에서 매입했을까? 서울의 흔한 중개법인? 동네 로컬 부동산? 아니다.

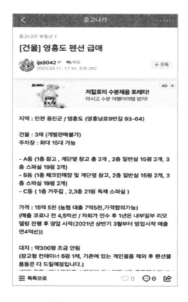

출처: 중고나라 네이버카페

사람들은 말한다. "진짜 로컬 매물은 동네 부동산에만 있어. 절대 인터넷에는 존재하지 않으니까 말도 안 되는 소리는 하지 마." 물론 맞는 말이지만 반은 틀렸다. 건물은 삼성전자 주식과 다르게, 팔고 싶으면 공인중개사나 여러 채널에 매물을 알려야 한다. 서울에 있는 건물이라면? 네이버에 서울 부동산을 검색해서 매물을 내놓으면 된다. 공급도 많고 수요도 많은 지역이기에 합리적인 가격이라면 쉽게 매각이 된다. 하지만 지방 물건은? 생각보다 잘 팔리지 않는다. 그러나 이런 구조를 정확히 이해하고 있는 건물주는 몇이나 될까? 많지 않다.

그렇게 네이버 카페 중고나라에서 "영흥도 펜션 매매"라는 글을 보게 됐다. 숙박업에 관심이 있어 여러 번 영흥도를 방문했던 나는 "이 건물은 왜 운영을 안 하지?" 하고 지나쳤던 그 물건이 네이버 카페에 올라온 걸 보고 다시 관심이 생겼다. 건물 상태도 괜찮고, 연식도 얼마 되지 않았다. 개별 동으로 세팅되어 있는 점도 매력적이었다. 무엇보다 영구 오션뷰라는 점에서, 추후 바다 앞 토지를 원하는 사람에게 쉽게 매각할 수 있을 거란 확신이 들었다. 그래서 바로 전화했다.

하지만 전화를 받지 않았다. 세 번이나 했다. 그래도 받지 않았다. 결국 직접 현장으로 찾아갔다.

현장에 가보니 펜스가 쳐져 있었고 "외부인 출입금지"라는 팻말이 붙어 있었다. 그리고 "매매 문의"라는 문구와 함께 중개업소 연락처가 있었다. 뭔가 이상했다. 확인해보니 서울에 있는 중개법인 회사에서 매물을 맡고 있었다. 이 순간 확신이 들었다. "안 팔리는 데는 이유가 있구나." 십억 후반대의 영흥도 펜션을 서울 중개법인에서 맡고 있다면 과연 팔릴까? 아니다. 서울에서 20억 정도의 부동산을 보는 사람들은 절대 인천 영흥도에 있는 숙박업 시설을 운영하려고 하지 않는다.

더 정확한 정보를 얻기 위해 인근 부동산을 찾아가 건물주의 상황을 물어봤다. 하지만 소통이 부족했는지, 제대로 알고 있는 사람은 없었다. 부동산 사장님들은 "카더라"라는 부정확한 정보만 늘어놓을 뿐이었다. 결국 다른 루트를 통해 알아본 결과, 이 건물은 현재 서울 중개법인과 전속 계약이 되어 있었다. 곧장 집으로 돌아가 등기부등본을 떼어봤다. 건물 매수 시 등기부 확인은 필수다. 등기는 매물의 족보와 같으며, 네이버 카페에 올라온 "급매"라는 설명이 사실인지, 정말 어쩔 수 없는 급매인지 확인하는 과정이다. 등기를 통해 건물의 대출 내역과 상황을 체크해 보니, 매도 사유가 납득이 갔다. 사고 싶어졌다.

그러나 부동산 사장님도, 그 누구도 소유자의 연락처 외에는 아는 게 없었다. 그래서 매일매일 전화를 걸었다.

3일 만에 전화가 왔다.

"제가 출산 때문에 연락을 못 받았어요. 어디시죠?"

"네, 영흥도 펜션을 네이버 카페에서 보고 매수 희망하고자 연락드렸습니다."

"네, 제가 출산한 지 얼마 안 돼서요. 저희 오빠한테 연락드리라고 할게요."

"네, 감사합니다."

그렇게 소유자의 오빠에게 연락이 왔고, 우리는 곧장 현장에서 만나게 됐다.

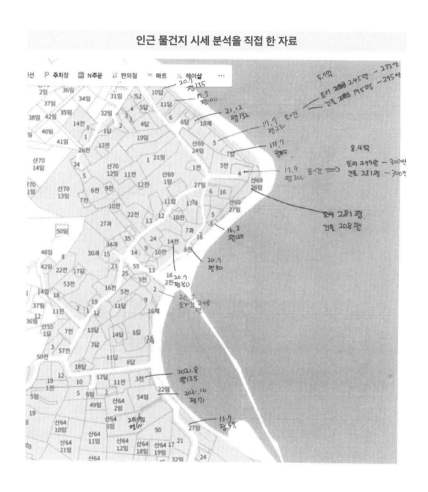

어차피 나는 조금만 네고해 준다면 이 펜션을 매수할 마음을 가지고 있었고, 그 점을 강조하며 오빠를 만났다. 그럼 내가 준비해야 할

것은 무엇일까? 단순히 구경하러 온 사람이 아니라 실제 매수 희망자라는 점을 강하게 어필해야 한다. 하지만 여기서 더 중요한 부분이 있다. 바로 "나는 돈이 없지만 정말 사고 싶은 젊은 청년"이라는 점도 함께 전달해야 한다.

오빠를 만나자마자 준비해 간 자료를 꺼냈다. 이 주변 시세를 철저히 조사한 파일을 보여주며, "저는 정말 이 펜션을 사고 싶은 사람입니다. 하지만 자금이 부족해서 네고를 요청드리고 싶습니다. 다만, 너무 터무니없는 가격을 말씀드리면 실례가 될 것 같아 조심스럽습니다. 그래서 지금 당장 가격을 말씀드리지 못하고 있습니다. 만약 추후에도 매수자가 나타나지 않는다면 그때 한 번 연락을 주실 수 있을까요? 오늘 이렇게 시간 내주셔서 정말 감사합니다." 정도로 마무리했다.

상대방이 급한 상황이라는 건 이미 등기부등본과 네이버 카페 글을 통해 확인한 상태였다. 역시나 바로 반응이 왔다.

"생각하신 가격이 얼마인가요?"

"솔직히 말씀드리면 11억 이상은 제가 도저히 감당할 수 없습니다. 그래서 15.5억에 올려둔 물건을 11억에 네고 요청드리기가 죄송스러워 말씀을 못 드렸어요. 정말 죄송합니다."

오빠는 본인이 결정할 문제가 아니기 때문에 가족들과 회의를 해보겠다고 했다. 그리고 다음 날 바로 연락이 왔다.

"13억에 팔겠습니다."

나는 다시 한 번 간곡하게 말했다.

"대표님, 정말 돈이 없습니다. 제 계좌도 보여드릴 수 있습니다. 지금 대출도 다 확인해 놓았는데 11억이 최선입니다. 정말 죄송합니다."

다다음 날 연락이 왔다.

"11억에 팔겠습니다."

부동산매매계약서

매도인과 매수인 쌍방은 아래 표시 부동산에 관하여 다음 내용과 같이 매매계약을 체결한다.

1. 부동산의 표시

소재지	인천광역시 옹진군 영흥면 외리 7-35				
토 지	지 목 임야	대지권의 비율 1/1		면 적	932㎡
건 물	구 조 철근콘크리트	용 도 근린생활시설및숙박시설		전용면적	689.14㎡

2. 계약내용

제 1 조 (목적) 위 부동산의 매매에 있어 매도인과 매수인은 합의에 의하여 매매대금을 아래와 같이 지불하기로 한다.

매매대금	金 일십일억원정	(₩1,100,000,000)	
계약금	金 일억원정	(₩100,000,000)은 계약시에 지불하고 영수함. 영수자	인
잔 금	金 일십억원정	(₩1,000,000,000)은 2023년 06월 09일 에 지불한다.	

그렇게 11억에 매수했다. 이미 물건에 대한 감정평가는 마쳐둔 상태였다. 말도 안 되는 금액에 이 펜션을 가져왔으니 이제 대출을 받아야 한다. 왜냐? 나는 현금이 없기 때문이다. 하지만 괜찮다. 이 펜션을 운영하면 나는 충분한 수익을 낼 것이고, 그 수익은 확정적이다.

이제 은행을 설득해야 한다.

"은행님! 저는 젊고, 이 숙소를 운영해서 이자를 상환할 수 있는 능력이 있습니다. 이걸 자료로 증명해 보이겠습니다!"

이렇게 강하게 어필하며 사업계획서를 작성하고, 신용등급을 최대한 올려줄 수 있도록 요청했다. 결과는?

| 7 | 6번근저당권설정등기말소 | 2023년6월9일
제205573호 | 2023년6월9일
해지 | |
| 8 | 근저당권설정 | 2023년6월9일
제205575호 | 2023년6월9일
설정계약 | 채권최고액　금1,200,000,000원
채무자

근저당권자　주식회사신한은행 |

출처: 등기부등본

11억짜리 건물에 대해 대출 10억을 받았다. 은행이 채권최고액을 12억으로 설정한 이유는 혹시 모를 상황에 대비해 보통 대출금의 120%를 설정하기 때문이다. 그렇게 10억을 대출받고 내 돈 1억을 보태어 펜션을 매수했다. 물론 취등록세로 약 5천만 원이 추가로 들었다.

드라마틱한 리모델링을 하면서 몇억을 쓴 게 아니냐고? 아니다. 리모델링은 최소화했다. 감성 소품 몇 가지만 추가하고, 다이소에서 1,000원짜리 공병을 사서 펜션 앞 나뭇가지를 꺾어 꽂아두고, 석재상에서 자갈을 사서 인테리어 소품을 만들었다. 펜션 운영을 위해 투자한 인테리어 비용은 고작 1,000만 원이었다.

원래 금수저라서 산 거 아니냐고? 아니다. 그저 내 노력을 통해 싼 물건을 판별해내고, 매도자와 원만한 협상을 통해 거래를 성사시켰으며, 이 사업에서 충분히 은행 이자를 감당하고도 남을 것이라는 확신이 있었기 때문에 가능한 결과였다. 이건 나만 할 수 있는 일이 아니다.

당신이 1억이 있다면? 당신도 할 수 있다. 방법만 안다면 충분히 가능하다. 그리고 그 방법을 나는 이 책과 커뮤니티, 강의, 유튜브 등을 통해 공유하고 있다.

거래내역 조회 2 건 조회기간 : 2023.04.27 ~ 2023.11.20

No		거래일시	적요	입금액	출금액	룡	잔액	거래점명
1	☐	2023.10.31 13:49:36	BZ뱅크	0	√ 100,000,000	이	19,582,835	계산동
2	☐	2023.05.25 13:47:16	타행PC	ƴ 100,000,000	0	이	100,000,000	(KB증)
		합계	입금 합계 1건	100,000,000원				
			출금 합계 1건		100,000,000원			

2023년 5월, 건물을 사기 위해 내 에쿼티 1억을 넣었고, 이 돈을 다시 찾아오는 데 5개월이 걸렸다. 여기서 질문이 나올 수 있다. "너는 펜션 운영을 해봤으니까 가능했던 거 아니야? 나는 한 번도 해본 적 없어!" 나도 처음이었다. 완벽한 매물은 비싸다. 불완전한 물건을 완벽하게 만들어야 한다. 너무 완벽한 물건을 사려고 하지 마라.

이 매물의 단점은 기존 건물주의 건강 악화로 운영이 불가능한 상태였다는 점이었다. 여기에 더해, 무리한 대출로 인해 대출 이자 상환이 불가능한 상황이었고, 펜션 매각 홍보도 제대로 이루어지지 않았다. 이런 요소들이 가격을 낮추는 요인이 되었다.

나는 빌린 1억을 상환하고, 결국 0원 투자로 매달 3,000만 원을 벌었다. 물론 아무것도 하지 않은 건 아니다. 열심히 마케팅을 공부했고, 감성 인테리어 방법도 연구했다. 왜? 내가 산 건물의 가치를 올리기 위해서.

1년 만에 24억 8천만 원에 매각한 매매계약서

부동산 매매 계약서

매도인과 매수인 쌍방은 아래 표시 부동산에 관하여 다음 내용과 같이 매매계약을 체결한다.

1. 부동산의 표시

소 재 지	인천광역시 옹진군 영흥면 외리 7-35.				
토 지	지 목	임야	대지권의 비율1/1	면 적	932㎡
건 물	구 조	철근콘크리트	용 도 근린생활시설및숙박시설	전용면적	689.14㎡

2. 계약내용
제 1 조 (목적) 위 부동산의 매매에 있어 매도인과 매수인은 합의에 의하여 매매대금을 아래와 같이 지불하기로 한다.

매매대금	金 이십사억팔천만원정	(₩2,480,000,000)		
계 약 금	金 이억원정	(₩200,000,000) 은 계약시에 지불하고 영수함. 영수자		
잔 금	金 이십이억팔천만원정	(₩2,280,000,000) 은 2024년 06월 28일 에 지불

이후 운영 1년 만인 2024년 6월, 해당 펜션을 24억 8천만 원에 매각했다. 1억 투자, 5개월 만에 원금 회수, 14억 매각 차익, 걸린 시간 1년, 수익률 1,400%. 물론 매매 제안이 들어왔을 때 고민하지 않은 것은 아니다. 하지만 결국 매각을 결정했다. 그렇다면, 나는 왜 이렇게 빨리 매각을 결정했을까?

보수적으로 접근해보자. 해당 펜션은 인천 영흥도 오션뷰에 위치해 있다. 내가 매입한 이 펜션은 2017년에 지어진 건물로, 10년이 지난 이후에는 대대적인 리모델링이 필요할 가능성이 크다. 내가 운영을 시작한 2023년부터 대략 5년 정도의 여유가 있었고, 이 기간 동안 매달 2,000~3,000만 원의 수익을 올릴 수 있었다. 연평균 2억 5천만 원을 기준으로 하면, 5년 동안 약 12억 5천만 원의 순이익을 예상할 수 있다.

여기서 중요한 것은, 11억에 매수한 이 펜션이 10년 뒤인 2027년에 어떤 가치를 가지게 될 것인가 하는 점이다. 건물의 가격은 시간이 지나면서 하락할 가능성이 높고, 리모델링 비용도 추가로 들어가야 한다. 그렇다면 토지 가격은 드라마틱하게 상승할까? 물론, 위치가 바다 1선이니 조금의 이득은 보겠지만, 투자 자산은 항상 보수적으로 평가해야 한다. 이런 변수들을 고려했을 때, 5년 후 이 자산의 가치는 지금과 크게 다르지 않을 것이라고 판단했다.

여기서 세밀한 계산이 들어간다. 숙박업 운영을 통해 5년간 12억 5천만 원을 벌 수 있다. 그렇다면, 만약 11억에 매입한 펜션을 12억 5천만 원 이상의 차익을 보고 매각할 수 있다면? 5년에 걸쳐 나누어 벌 돈을 한 번에 손에 쥐게 되는 것이다. 또 하나 고려해야 할 점은, 5년이라는 시간을 공짜로 얻게 된다는 점이다.

건물을 매입할 때는 반드시 매도 전략까지 세우고 진입해야 한다. 나는 펜션을 매수할 때부터 운영을 통해 벌 수 있는 예상 수익을 철저히 계산했고, 이를 기반으로 미래 매각 가능 금액까지 산출해 두었다. 그렇기 때문에 24억 8천만 원이라는 매매 제안이 들어왔을 때 망설이지 않고 매각을 결정할 수 있었다.

이제 14억이라는 차익을 가지고 무엇을 할 것인가? 1억으로 11억짜리 펜션을 매수했다면, 14억으로 140억짜리 부동산 자산에 투자하면 된다.

모두가 말할 수 있다. 운이 좋았다고. 그래, 운이 좋았다. 하지만 정말 운만 좋았을까? 중고나라에서 건물 급매를 찾는 게 운일까? 15억 5천만 원짜리 물건을 운이 좋아서 11억에 깎았을까? 운이 좋아서 은행에서 11억짜리 건물에 10억 대출을 내줬을까? 운이 좋아서 인건비, 이자비용, 법인세, 부가세를 다 빼고도 3,000만 원이 남았을까? 1년도 안 돼서 24억 8천만 원에 사겠다는 매수자를, 부동산에서 운이 좋아서 찾아줬을까?

운도 좋았지만 내 노력도 조금은 들어갔다. 이런 노력이 금수저이기에 가능했을까? 아니다. 누구나 할 수 있다. 방법을 모를 뿐이다. 나도 처음엔 몰랐다. 하지만 대학교를 그만두고 10년 동안 발로 뛰며 시행착오를 겪다 보니 어느 정도 방향이 잡혔다.

이 10년간의 시행착오가 있었기에 가능한 운이다. 하지만 당신은 10년 동안 시행착오를 겪을 필요가 없다. 왜냐하면 내가 이미 다 겪었고, 그 생생한 현장에서 실전에 필요한 꿀팁만을 다양한 채널을 통해 전달할 것이기 때문이다. 그리고 이건 내가 흙수저여도, 금수저여도 공평하게 누구나 할 수 있는 투자 기법이니까.

02

0원으로 건물 사기

2022년 44억 3천만 원에 매입한 건물

그래, 1억이 없으면? 위 투자방식은 하지 못하는 투자였다고 하자.

그럼 돈이 하나도 없을 때는 어떻게 할까? 2022년, 나도 땡전 한 푼 없었지만 50억 정도 하는 건물을 사고 싶었다. 단지 간지가 난다는 이유로. 남들이 그러더라, 건물은 용기로 사는 거라고. 건물담보로 90% 대출이 된다고 했다. 50억 건물의 90%면 45억. 그럼 투자금 5억이 부족했다.

일단 투자금을 마련할 수 있는 방법을 찾기 위해 다양한 금리지원 프로그램을 알아보기 시작했다.

그래서 2022년 4월, 용기를 내서 일단 대출을 받았다. 5억 건물 계약금까지 영끌. 가장 저렴한 대출을 받기 위해 다양한 은행의 다양한 자금을 알아보았고, 나의 상황에 맞는 자금을 이율 3%에 5억을 받을 수 있었다. 한 푼이라도 아껴야 했다. 한 푼도 없었으니까. 그래서 대출 이자도 한 푼이라도 아끼려고 노력했다. 그렇게 위 사진에 보이는 해당 건물을 매수하였다. 44억 3천만 원에 매수하였고, 미리 받아두었던 5억의 대출금액을 계약금으로 지급하고 나니 남는 게 없었다.

사정이 있는 매물을 주변 시세보다 싸게 샀지만, 문제가 있었다. 돈 없이 산 건물인데 1층, 2층을 합쳐서 나오는 월세는 고작 280만 원이며, 3층은 결혼정보회사가 있다가 망해서 나간 이후 공실이었고, 4층은 월세가 고작 120만 원에 불과했다. 수익률을 계산해보니 대략 1% 정도가 나왔다. 45억 대출 이자 내면 1년에 숨만 쉬어도 수익이 사라진다. 큰일 났다. 난 돈이 없다. 그래서 세입자를 맞추기 시작했다. 잔금 전에 아주 열심히. 돈이 없어도 할 수 있는 최선의 발악이었다. 사람들은 말한다, 불가능하다고. 하지만 시간과 노력과 비용을 투입한다면 절대로 세상에 못하는 건 없다. 그리고 잔금 전에 모든 세입자를 맞췄다.

내가 매수한 건물의 지역적인 요소를 파악했고, 어떤 사람이 내 건물을 필요로 할지 생각했다. 우선 내가 가지고 있는 건물의 장점을 최대한 부각시켜서 입점 제안서를 만들었고, 한국에 있는 오프라인 매장이 필요한 모든 체인점에 이 제안서를 "그들의" 업종에 알맞게 꾸며서 보냈다. 내가 을이었기 때문에 비협조적으로 나오는 곳도 많았다. 하지만 그게 두렵다면 풀레버리지를 통한 투자도 해서는 안 되지! 건물 인근의 상급지 임대료가 비싼 부동산부터 컨택해서 지속적으로 자료를 돌렸다. 대략 1,500군데의 부동산 DB를 수집해서 입점 제안서를 넣었다. 그렇게 월세 세팅을 끝냈다.

	적요	금액	비고
1	매매가	4,430,000,000	입력값
2	보증금	900,000,000	입력값
3	월세	4,000,000	입력값
4	투자금	3,530,000,000	매매가 - 보증금
5	연수익	48,000,000	월세 × 12
6	**연수익률**	1.36%	**연수익 / 투자금 ×100**

건물 매수 당시 수익률

	적요	금액	비고
1	매매가	4,430,000,000	입력값
2	보증금	533,070,000	입력값
3	월세	19,680,000	입력값
4	투자금	3,896,930,000	매매가 - 보증금
5	연수익	236,160,000	월세 × 12
6	**연수익률**	**6.06%**	**연수익 / 투자금 × 100**

건물 매수 이후 최종 수익률

    수익률 6.16%. 이제는 숨만 쉬어도 1,968만 원이라는 월세가 나온다. 돈이 있어서 월세 세팅이 가능했을까? 아니다. 그저 내 노력과 스킬이다. 당신도 충분히 할 수 있다. 이 책을 통해서 배우기만 한다면. 왜? 뒷배경이 중요한 게 아니니까. 그리고 최대한 저렴하게 받을 수 있는 대출 방법을 찾아서 잔금 이후 이자 세팅을 끝냈다. 1,380만 원이라는 이자가 나간다. 이후 우량 세입자를 들여 보증금을 5억 3천만 원으로 세팅했다. 건물을 사는 데 사용한 대출 금액은 40억 7천만 원. 더하면 46억이라는 레버리지를 사용한다. 하지만 내가 건물을 산 가격은 44억 3천만 원. 건물을 샀더니 나한테 1억 7천만 원의 돈이 남더라. 바로 예금했다. 그리고 알차게 예금 이자도 챙기고 있다.

    내 돈 0원을 투자했는데, 매달 이자를 내도 숨만 쉬어도 588만 원이 남는다. 심지어 건물 사고 남은 돈 1억 7천만 원을 예금까지 했다.

1년에 임대료로 7,200만 원, 예금이자로 680만 원. 대략 7,880만 원이 남는다.

감정평가 금액

감정평가액	오십구억일천오백육십사만칠천팔십원정(₩5,915,647,080.-)					
의 뢰 인			감정평가 목적	유형자산재평가		
채 무 자			제 출 처			
소 유 자 (대상업체명)			기준가치	공정가치		
			감정평가조건	-		
목록표시 근거	등기사항전부증명서, 귀 의뢰목록		기준시점 2023.12.31	조사기간 2024.03.15	작 성 일 2024.03.19	
감 정 평 가 내 용	공부(公簿)(의뢰)		사 정		감 정 평 가 액	
	종 류	면적 또는 수량(㎡)	종 류	면적 또는 수량(㎡)	단 가	금 액
	토지	571.2	토지	571.2	8,880,000	5,072,256,000
	건물	1,774.84	건물	1,774.84	-	843,391,080
			이 하	여 백		
	합 계					₩5,915,647,080.-
심 사 확 인	본인은 이 감정평가서에 제시된 자료를 기준으로 성실하고 공정하게 심사한 결과 이 감정평가내용이 타당하다고 인정하므로 이에 서명날인합니다. 심 사 자 : 감 정 평 가 사					

내 투자는 옳은 선택이었는지에 대해 알아보기 위해 2024년 재감정을 받았다. 44억에 내 돈 0원으로 산 건물의 감정가격은 60억이 나왔고, 현재는 63억 정도 탁감이 나오고 있는 수준이다. 기존 건물주가 어쩔 수 없이 급매로 내놓은 물건을 매수한 케이스였고, 임대를 맞춰 수익률도 극대화했기 때문에 이제 다음 순서는 매각이다. 그래서 70억에 매물로 내놨다. 0원 투자. 매각 시 25억 7천만 원 수익. 수익률 99,999,999%.

모두가 말할 수 있다. 운이 좋았다고. 그래, 운이 좋았다. 하지만 정말 운만 좋았을까?

대로변 사거리, 수익률 안 나오는 코너 건물을 사는 게 운일까?

60억짜리 물건을 운이 좋아서 44억에 깎았을까?

운이 좋아서 은행에서 100% 대출을 받았을까?

운이 좋아서 매달 600만 원이 남을까?

2년 만에 감정가가 14억 오르고, 26억 높게 매물을 올리는 게 운일까?

돈 있는 사람만 할 수 있는 투자 기법이라고? 어느 정도 원활한 현금 흐름이 있는 사람만 할 수 있는 기법이라고? 그건 다 핑계다. 나는 그렇게 생각한다. 이 책을 보는 여러분도 할 수 있다. 내가 알려주는 10년간 모아온 부동산에 관한 모든 스킬을 전수받는다면 충분히 가능하다.

펜션을 사는 데 계약금 1억과 취등록세가 필요했다. 그리고 5개월 만에 원금 회수가 가능했다. 건물을 사는 데 용기가 필요했다. 물론 계약금 4억 3천만 원과 취등록세가 필요했다. 하지만 대출을 5억 받았다. 그리고 세입자를 맞춰 이 금액은 모두 환급받았다. 현실성이 없는 물건을 가지고 운이 좋았다고 생각한다면, 지금 시장에 나와 있는 내 수강생이 매수한 이 물건을 보자. 그리고 위 두 가지 사례를 이해하지 못했다면, 아래 나오는 내용을 통해 한 사이클만 돌려보는 걸 추천한다. 누구랑? 나랑 같이. 이 책을 통해서.

03

1억 원으로 건물 사보기

　부동산을 통해 물건을 받았다. 매매가격은 6억 5천만 원. 지금 이 책을 읽는 독자님에게 건물주는 더 이상 꿈이 아닌, 지금 당장 현실이 될 수 있다는 걸 깨우쳐 주겠다. 구구질질 글로 설명하는 깃보다 실전에서 직접 보여주는 게 가장 효과적이라고 생각한다. 내 스타일이 그러하고. 지금 시장에 나와 있는 매물을 가지고 내가 어떻게 접근하는지, 그리고 당신이 지금 돈 없이도 건물을 살 수 있는 이유를 설명해주도록 하겠다.

　해당 물건은 서울 노원구 상계동 156-87에 나와 있는 현재 실매물이다. 2024년 기준이며 매매가격은 6억 5천만 원이다. 그다음 우

리가 해야 할 것은 현재 물건의 수익률을 파악하고, 개선 가능성이 있는지를 분석하는 것이다.

대략적인 수익률 계산

- 지하 1층: 500/10 (13평)
- 1층 좌측: 1,000/70 (6.5평)
- 1층 우측: 3,000/70 (6.5평)
- 2층: 10,000/0 (13평)

어? 서울인데도 수익률이 준수한 편이네? 건물 투자에서 가장 중요한 수익률 측면에서 핵심 요소는 바로 1층인데, 현재 1층 세입자가 잘 맞춰져 있다. 수익률 관점에서 보면 1층이 차지하는 비중이 절대적이다. 그런데 지하와 2층은 현재 월세 수입이 없다.

자, 그럼 역으로 생각해보자. 지금 3%대 수익률에서 내가 2층과 지하 1층만 잘 활용해서 가치를 높이면 수익률은 훨씬 상승할 수 있다는 것. 오케이, 어차피 노후 건물이고 토지가격만 보고 접근하면 되겠네. 그럼 내가 지금 6.5억에 사면 호구인지 아닌지 파악해보자. 디스코^{DISCO}에 들어가서 이전 실거래가를 찾아보도록 하겠다.

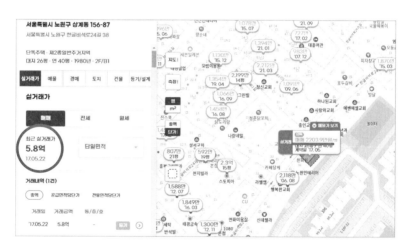

출처: 상업용 부동산 실거래 시스템 디스코

1. 과거 실거래 가격 파악 및 주변 평당 실거래가 탐색

2017년에 평당 2,200만 원에 매수한 건물이 2024년 현재 평당 2,500만 원(매매가 6억 5천만 원)이라면? 8년 동안 평당 300만 원밖에 안 올랐다.

나의 투자 방식은 건물값을 치지 않는 방식이다. 즉, 토지가격만으로 판단하는데, 그렇다면 건물값을 0으로 보더라도 현재 가격이 싸다는 뜻이다. 일단 지금 사도 호구는 아니다.

다음으로, 주변 토지 실거래가를 찾아보자.

현재 내가 보고 있는 매물은 메인 도로에 위치해 있다. 그런데 메인 도로가 아닌 한 블록 들어간 곳의 실거래가를 보면 아래와 같다.

- 청신교회(2021년) → 평당 2,212만 원
- 에벤에셀교회 옆 토지(2015년) → 평당 1,870만 원
- 행복한교회(2006년) → 평당 2,118만 원

결론: 지금 내가 보고 있는 매물의 평당 2,500만 원은 주변 최근 5년간 실거래 기준으로 봐도 전혀 무리가 없는 가격이다. 게다가 나는 건물 가격을 0으로 보고 토지 가치만 판단하는 투자 방식을 적용하는데, 그런 기준으로 봤을 때도 충분히 저렴하다.

출처: 상업용 부동산 실거래 시스템 디스코

2. 탁상감정

내가 싸다고 생각하는 물건이 진짜로 싼 물건은 아니다.

모두가 싸다고 생각해야 하고, 그중에서도 은행이 싸다고 판단해 줘야 한다. 왜?

은행은 담보대출을 실행할 때 감정가를 기준으로 대출 비율을 결정하기 때문에, 은행이 싸다고 인정하는 물건은 곧 객관적으로 검증된 싸고 안전한 투자처라는 뜻이기 때문이다.

하지만 문제는 나는 은행과 친한 지점장이 없는 초짜 투자자다.

그래서 은행 감정 이전에 내가 직접 사전 감정을 해야 한다.

어떻게? 랜드북(landbook.net) 같은 감정 사이트를 활용해서 대략적인 감정가를 확인한다.

- ↱ 결과: 7.5억 감정가
- ↱ 현재 매매가: 6.5억
- ↱ 즉, 시세대로만 팔아도 최소 1억의 차익
- ↱ 오케이, 통과!

3. 현재 동네 상황 파악

이제 동네 분위기를 보자. 현재 임차구성이 아주 좋다.

- 1층 좌측: 에그풀(안정적인 세입자)
- 1층 우측: 재개발 추진위원회 사무실

뭐지? 재개발?

이건 아주 중요한 포인트다. 재개발 추진위원회가 1층에 있다는 건 이 지역이 재개발 예정지라는 뜻이고, 그러면 이 건물의 가치가 장기적으로 크게 상승할 가능성이 있다.

그리고 재개발이 끝날 때까지 추진위는 1층을 계속 임대할 가능성이 높다.

즉, 장기간 공실 위험이 없는 안정적인 1층 세입자 확보라는 뜻이다.

결론: 이 물건은 레버리지를 활용한 투자에서 가장 중요한 "현금흐름 리스크"를 줄여줄 수 있다.

이제 재개발 계획을 좀 더 구체적으로 확인해보자.

출처: 카카오 맵

그래, 재개발이 있다. 맞은편 상계5동이 신속통합기획 재개발을 추진 중이라네? 그럼 나는 여기서 두 가지 가능성을 생각한다. 첫 번째로, 1~2년 뒤 재개발 프리미엄이 더 올라오면 매각한다. 현재 수익률을 맞춰 놓고 재개발 이슈가 본격화될 때 프리미엄을 붙여 매도하면 된다. 입지가 좋고 지하철 근처인 상권이라 최소한 손해는 보지 않겠다. 두 번째로, 그런데 건물주는 왜 매각할까? 이런 좋은 위치, 이런 좋은 매물을 굳이 건물주가 판다고? 재개발을 몰라서? 그럴 리가 없다. 그렇다면 매각하는 이유가 분명히 있거나, 내가 모르는 어떤 단점이 있거나. 자, 이제 여기서 중요한 건 매각 이유를 정확히 파악하는 것이다. 건물의 단점이 투자 리스크로 작용할 수 있기 때문이다. 그렇다면, 이 건물의 숨어 있는 리스크를 찾기 위해 다음 단계를 진행해야 한다.

4. 건물주 현재 상황 파악

물건을 소개한 부동산에 물어봤다. "이 주인이 이 물건을 왜 싸게 파는 거죠? 내가 뭔가 잘못 알고 있는 건 아닌가요?" 부동산에서 답변이 왔다. "매도자가 2017년 5월에 5.8억 원(평당 2,200만 원)에 매수했습니다. 하지만 현 매매가로 매각하는 이유는 다주택자여서 세금 부담이 크고, 자녀가 결혼을 앞두고 있어 신혼집을 마련해 주기 위해 현금화하려는 것입니다." 역시 사연이 있었다. 현재 2층 주택 부분 때문에 다주택자로 매년 세금 부담이 컸고, 거기에 자녀의 결혼 준비까지 겹쳐 현금이 급하게 필요한 상태였다. 자, 이런 경우라면? 가격 네고가 충분히 가능하다. 그리고 이 물건이 저렴한 데에는 합리적인 이유가 있었다. 이 정도 사유라면 수긍할 수 있다.

출처: 네이버 부동산

5. 주변 임대료 시세 파악

내 투자방식은 영끌 투자다. 영끌 투자는 무엇인가? 레버리지를 100% 활용하는 방식이다. 아파트 투자로 따지면 전세가 = 매매가인

구조로 매수한 후, 기다렸다가 시세차익을 보고 빠져나오는 전략이다. 따라서 싸게 샀다고 해도 전세가 < 매매가가 되어 세입자의 월세로 이자를 감당할 수 없는 상황이 오면 안 된다. 그렇다면 반드시 주변 임대료 시세를 파악해야 한다.

해당 건물 주변 1층의 평당 임대료는 5.5만 원으로, 현재 시세보다 잘 맞춰져 있다. 1층 세입자를 내보낼 필요는 없다. 2층의 평당 임대료는 3.5만 원. 현재 세입자를 내보내고 용도변경 후 사무실이나 음식점으로 단독 사용하게 해준다면 1,300/60만 원은 충분히 받을 수 있다고 판단했다. 왜냐하면, 사진을 보니 3층 옥탑도 있는 것 같기 때문이다. 네이버 부동산의 임대 호가를 보면 주변 시세를 알 수 있는데, 게다가 주인분이 용도변경까지 해주겠다는 회신을 보내왔다. 지하층도 분위기만 살려 두면 충분히 1,000/60만 원은 받을 수 있다고 판단했다. 그리고 나라면 여기에 관리비를 추가한다.

	적요	금액	비고
1	매매가	600,000,000	입력값
2	보증금	63,000,000	입력값
3	월세	2,700,000	입력값
4	투자금	537,000,000	매매가 - 보증금
5	연수익	32,400,000	월세 × 12
6	**연수익률**	**6.03%**	**연수익 / 투자금 × 100**

6. 엑시트 전략 구체화

남들보다 빠르게 임대를 채우기 위해 2층으로 올라가는 단독 계단 쪽에 있는 실외기를 치워버릴 것이다. 그리고 보기 좋지 않은 막혀 있는 유리창은 제거하고, 외부에 노출된 샷시 두 개를 통창으로 교체한다. 비용은 크지 않다. 2층과 옥탑 사이에 존재하는 테라스 구조물에도 페인트를 한 번 칠해준다. 이렇게 간단한 리모델링을 진행하고, 2층 공간을 단독으로 사용할 수 있는 음식점 세입자를 맞춰 월세 60만 원 정도로 임대를 놓는다.

- 지하 1층: 500/10 (13평)
- 지하 1층: 800/50 + 관리비 5만 원
- 1층 좌측: 1,000/70 (6.5평)
- 1층 우측: 3,000/70 (6.5평)
- 2층: 1,000/60 (13평) + 관리비 5만 원

최종 보증금: 6,300만 원 / 월세+관리비 270만 원

임대차 재구성 시 예상 임대수익률은 6%대. 여기서 매매가를 5,000만 원 내린 이유는 현재 고금리 기조와 함께 매도자가 어쩔 수 없이 매도해야 하는 상황이라는 점을 감안했기 때문이다. 네고 없는 부동

산 시장이 어디 있겠는가? 매수자 우위 시장에서 5,000만 원 정도는 충분히 조정 가능하다. 현재 은행 감정가격이 7.5억, 내가 매수하는 금액은 6억. 즉, 안전마진이 1.5억 있다. 여기에 수익률 6%라면 도전해볼 만하다.

이제 내가 하는 투자 방식대로 100% 대출을 받는다고 가정해보자. 6억을 보수적으로 연 4.5% 이자로 대출받으면 월 200만 원의 이자비용이 발생한다. 즉, 내 돈 0원 투자로 매달 60만 원 이상의 순수익이 발생한다. 1년이면 720만 원 수익. 여기서 나는 매년 보증금과 월세를 5% 인상할 계획이다. 보수적으로 계산해 보증금은 올리지 않고 월세만 올린다고 가정하자. 마음에 들지 않는 세입자가 있다면? 나가라고 하면 된다. 어차피 나는 건물의 가치를 지속적으로 올리기 위해 나의 인건비를 갈아넣을 것이고, 노후 건물을 꾸준히 보수하며 가치를 높일 것이다. 이런 과정에서 당신도 나에게 배우며 함께 대응해 나갈 수 있다.

9억 5천만 원에 매도 시 예상 수익률

	적요	금액	비고
1	매매가	950,000,000	입력값
2	보증금	60,000,000	입력값
3	월세	3,000,000	입력값
4	투자금	890,000,000	매매가 - 보증금
5	연수익	36,000,000	월세 × 12
6	**연수익률**	**4.04%**	**연수익 / 투자금 × 100**

2년 뒤 재개발 추진위원회가 들썩이고, 세입자 월세를 5%씩 두 번 인상한다면 월 300만 원의 월세 수익이 발생한다. 이제 여기서 나는 생각한다.

7. 누구에게, 얼마에, 어떻게 팔 것인가

누구에게 팔든 상관없다. 나는 3년 안에 9.5억이라는 가격에 매수자가 나타난다면 뒤도 돌아보지 않고 매각할 것이다. 9.5억이라는 가격의 기준은 다음 매수자가 받을 수 있는 수익률과 3년 뒤 내가 예상하는 해당 지역의 기대심리로 인한 토지가격이다. 3년이라는 시간을 정한 이유는 꼭 3년 뒤에 팔아야겠다는 게 아니다. 3년 이내에 이 가격에 팔 기회가 온다면 바로 팔겠다는 의지다. 보통 사람들은 막상 매수자가 나타나면 "아, 좀 더 오를 것 같은데? 들고 있을까?"라고 고민한다. 그러다 매수자를 놓치고, 그렇게 고금리 기조가 다가오면 건물 가격이 하락한다. 그리고는 뒤늦게 말한다. "작년에 10억에 사겠다는 사람이 있었는데 안 팔았어." 안 판 게 아니라, 판단 미스로 못 판 거다. 이런 후회를 남기지 않기 위해 매각 금액과 기간을 정해둔다. 그럼 누구에게 팔 것이냐?

첫 번째로, 상계동 재개발이 본격화되면서 이 일대에 관심을 가지는 정년퇴직을 앞둔 노부부에게 매각할 것이다. 이들은 아직 호재가 남아 있는, 수익률이 안정적인 건물을 찾고 있다. 9.5억이라는 가격 자체는 그들에게 중요하지 않다. 중요한 건 4% 이상의 안정적인 수익률이다. 이들은 보통 퇴직금이 있기 때문에, 0원 투자 레버리지 투자 방식이 아니라 5~6억 정도의 자본을 들고 건물을 알아볼 가능성이 크다. 이들에게는 충분히 매력적인 매물이다. 이자를 내고도 매달 200만 원이 남기 때문이다. 연금과 함께 월 200만 원 이상의 안정적인 수익이 추가적으로 발생하는 건, 은퇴 후 삶을 고려하는 노부부들에게 상당히 매력적일 것이다. 여기에 재개발 호재까지 남아 있으니, 일석이조다.

두 번째로, 재개발 구역을 바라보는 건설업 시행업자에게 팔 것이다. 9.5억이라는 매매가는 평당 3,653만 원이라는 토지 가치를 지닌다. 나는 이 건물을 매수할 때 건물값을 0원으로 보고, 오직 토지가격만 고려하여 매입했다. 그렇기에 토지가격을 높게 평가하는 시행사나 건설업자에게 매각할 가능성이 높다. 이게 내가 오래된 건물을 매수하는 가장 중요한 이유다. 이런 구조를 이해하고 활용할 수 있으면 건물 투자의 판이 달라진다. 이 부분에 대한 공부는 좀 더 심층적으로 여러분과 내가 함께 해나가야 할 영역이다.

세 번째로, 현재 임차로 들어가 있는 세입자에게 팔 것이다. 장사가 잘되고 있으니, 앞으로 월세를 더 올리지 않을 테니 안정적으로 운영하다가 나중에 가게를 권리금 받고 매각하라고 유도할 것이다. 우리 모두는 꿈꾼다. 세입자의 삶에서 벗어나 내 집, 내 가게를 마련하기를. 그래서 많은 사람이 아파트를 사고, 상가를 산다. 그런데 지금 세입자로 있는 이들에게 4% 수익률이 나오는 건물을 살 수 있는 기회가 온다면? 게다가 이후에는 권리금까지 받을 수도 있다면? 눈이 돌아갈 수밖에 없다. 그리고 이는, 내 수강생의 실제 사례다.

04

내가 아파트가 아닌
건물을 택한 이유

　취득세와 기타 부대비용은 모두 제외했다. 아파트든 상가든, 모든 부동산 거래에서 고정적으로 들어가는 비용이기 때문이다. 우리는 0원을 투자해서 6억짜리 건물을 구매했고, 3억 5천만 원을 벌었다. 이런 실제 사례를 보았을 때, 아파트가 아닌 건물에 투자해야 하는 이유를 더 이상 설명할 필요가 없다. 당신이 경기도권에 있는 6억짜리 아파트를 샀다고 생각해보자. 6억 전세를 주고도 월 60만 원이 남는다는 상상을 할 수 있겠는가? 그리고 3년 안에 이 아파트를 9억 5천만 원에 팔 수 있는가? 현실적으로 6억짜리 아파트를 매수하려면 3억 이상의 자기자본이 필요하고, LTV(주택담보대출비율) 70%를 채운다고 해도 최소 2억 이상은 내 돈이 들어간다. 설령 세입자를 맞춘다 해도, 월세가 이자를 상회하지 못한다. 하지만 내가 하는, 그리고 앞으로 우리가 해야 할 건물 투자는 0원 투자도 가능하다. 그리고 그 수익률은 상상을 초월한다.

예를 들어, 당신이 3억을 들여 6억짜리 아파트를 매수하고, 세입자를 3억 / 월 70만 원에 맞춰놓은 뒤, 2년 후 9억 5천만 원에 매각했다고 가정해보자. 여기서 중요한 점은 당신이 이미 3억이라는 자금을 아파트에 투자했다는 것이다. 반면, 나에게 3억이라는 투자금이 생긴다면, 위에서 설명한 방식과 같이 레버리지를 일으켜 30억 원가량의 건물을 살 것이다. 그리고 그 건물을 45억 원에 매각할 것이다. 같은 3억을 투자해도, 누군가는 0원을 벌고 누군가는 15억을 번다.

특정 지역으로 인구가 쏠리는 현상은 시간이 지날수록 더욱 심해질 것이다. 미국은 광대한 국토를 보유하고 있지만, 경제활동의 중심지인 뉴욕의 크기는 한정되어 있다. 많은 사람들이 이곳으로 '아메리칸 드림'을 꿈꾸며 몰려든다. 선진국일수록 도시로 집중되는 인구는 늘어나며, 일본 또한 마찬가지다. 신주쿠, 긴자, 시부야와 같은 핵심 지역은 평일 오전에도 인파로 북적이고, 이곳의 땅값은 지속적으로 신고가를 경신한다. 특히 주거 시장에서는 이런 현상이 더욱 가속화될 것이다. 현재 한국에서도 강남 3구, 특히 화두가 되고 있는 압구정과 반포의 주택가격은 신축 국민평수(30평대 기준)가 60억 원을 넘어서면서 연일 신고가를 기록하고 있다. 하지만 지방의 소외 지역 아파트 가격은 2021년 저금리 '불장' 이후 하락세로 전환된 후, 지금까지도 반등하지 못하고 있다. 인구 감소와 함께 지방의 부유층조차 이런 추세를 인지하고 상급지로 자금을 이동시키면서, 이런 부의 지역 쏠림 현상은 앞으로 더욱 극명하게 나타날 것이다.

만약 나에게 2억이라는 돈이 있다면, 10억이 넘어가는 서울의 주택을 살 수는 없다. 하지만 4억짜리 지방 아파트는 매수할 수 있다. 다만, 언제 오를지 모르는 지방 아파트일 뿐이다. 그러나 같은 2억을 가지고, 원래 15억의 가치를 지닌 건물이 매도자의 사정으로 인해 10억에 나왔다면? 내가 이런 가치 저평가된 건물을 보는 눈을 가지고 있다면, 레버리지를 활용하여 15억짜리 건물을 매수할 수 있다. 수도권 외곽지역에 있는 10억대 건물은 지방 아파트와는 다르게, 해당 지역의 소상공인 혹은 사업자들도 충분히 매수하고 싶어하는 부동산 자산이다. 금액대가 100억이 넘어간다면 얘기가 달라지겠지만, 소액 상업용 건물 시장은 아직 외곽지역이라도 받아줄 매수자가 충분하다. 그렇기 때문에 첫 투자로는 이런 소액 건물 투자를 적극 추천한다.

또한, 주택(아파트)의 경우 규제가 심하다. 그리고 규제가 심하다고 불평할 수도 있지만, 사실 정부 입장에서는 어쩔 수 없는 일이다. 주택은 국민의 주거 안정성과 직결되기 때문에 투기성이 짙어지는 것을 방관할 수 없고, 집값이 지나치게 올라가면 이를 억제하려 하고,

반대로 집값이 하락하면 다시 안정시키려는 정책을 펼친다. 즉, 내가 투자하는 자산이 정부의 규제에 따라 좌지우지된다는 뜻이다. 하지만 상업용 부동산, 즉 건물은 어떤가? 비교적 정부의 규제에서 자유롭다. 상업용 부동산을 사용하는 사람들은 내 사업을 영위하고, 추가적인 이득을 내기 위해 공간을 임차하거나 소유하는 것이기 때문에, 보다 시장경제 원리에 따라 움직이고 정부의 개입이 상대적으로 적다. 결국, 가격의 상승과 하락이 주택보다 더 유연하게 이루어진다는 뜻이다.

이 차이는 대출 규제에서도 명확하게 드러난다. 정부는 주택 투기를 막기 위해 다주택자에게 높은 세금을 부과하고, 대출 규제를 강화하며, LTV(주택담보대출비율), DSR(총부채원리금상환비율)과 같은 규제를 적용한다. 하지만 사업자 대출은 어떠한가? 이러한 규제에서 훨씬 자유롭다. 왜 그럴까? 이유는 간단하다. 경제가 성장하기 위해서는 돈이 원활하게 돌아야 한나. 그런네 사업사들의 사유로운 시장경제 활동을 대출을 통해 제한한다면, 이는 곧 경제 퇴보로 이어진다. 그 어느 나라에서도 사업자금 대출을 주택 대출처럼 강력하게 규제하는 경우는 없다. 결국, 정부의 간섭을 적게 받고, 시장경제 원리에 의해 더욱 큰 상승 가능성을 기대할 수 있는 것이 상업용 부동산이라는 것이다.

05

평범한 직장인이
건물주가 되는 방법

건물주가 되기 위해서 건물만 공부한다? 답은 아니다. 투자 자산의 포트폴리오는 세분화해야 한다. 투자의 판단은 본인의 몫이며, 모든 투자는 리스크를 동반한다. 하지만 모든 자산의 변동성이 동시다발적으로 발생하는 것은 아니다. 예를 들어, 오늘 주식시장이 폭락했다고 해서 내가 살고 있는 아파트 가격이 동시에 내려가고, 내가 밥 먹으러 가는 상가 건물의 가격도 함께 떨어지는 것은 아니다. 그렇기 때문에 주식에서도 분산투자가 중요하듯, 부동산 투자에서도 자산을 세분화하고 포트폴리오를 구성하는 것이 필수적이다. 나는 나만의 투자 포트폴리오를 다음과 같이 나누었다.

- 현금 자산 (투자를 위한 안전자금) - 예금, MMT, 공모주 → 비율 50%

- 암호화폐 (변동성이 큰 고위험 자산) - 소액 투자 → 비율 10%

- 주식 (장기 가치 투자) - 대형주 매집, 시장 방향성 파악 → 비율 10%

- 주택 (전세가율의 50% 투자) - 레버리지 효과 2배 → 비율 10%

- 차익형 상업용 부동산 - 레버리지 효과 9배 → 비율 10%

- 수익형 상업용 부동산 - 레버리지 효과 9배 → 비율 10%

현금 자산을 50% 가져가는 이유는 예측할 수 없는 시장 변동성에 대비하기 위해서다. IMF, 코로나 팬데믹과 같은 경기 불황이 올 때, 저평가된 자산을 공격적으로 매수하기 위한 준비금이다. 그렇다고 이 현금을 놀리는 것은 아니다. 나 같은 경우 건물 세입자의 보증금 및 절대적으로 지켜야 할 자산을 3개월 단기 예금으로 운용한다. 3개월 단기 예금을 활용하는 이유는 부동산 거래 시 잔금 기한이 보통 3개월이기 때문이다. 급매물이 나왔을 때 즉시 잔금을 치를 수 있어야 한다.

MMT(머니마켓 트러스트)는 3개월짜리 예금을 하루 단위로 쪼갠 개념이라고 이해하면 쉽다. 매일매일 이자가 지급되는 상품으로, 언제든지 현금화할 수 있는 장점이 있다. 나는 내가 살 건물의 계약금(매입가의 10%) 정도를 MMT에 예치해둔다. 각 은행 창구에 문의하면 가입할 수 있다. 또한, 이 MMT에 넣어둔 돈을 활용해 주식시장이 호황일 때 공모주에 투자한다. 공모주는 시장 상황이 아주 나쁘지 않은 이상 대부분 수익을 안겨주는 구조이기 때문이다.

암호화폐는 변동성이 큰 자산으로, 24시간 변동하기 때문에 포트폴리오의 10%만 배분한다. 내가 암호화폐에 투자하는 이유는 큰돈을 벌기 위해서가 아니다. 직접 투자해야 몸소 체감하고 시장을 이해할 수 있기 때문이다. 암호화폐 시장의 뉴스를 찾아보고, 트렌드를 분석하며, 왜 가격이 오르고 내리는지 체크한다. 이 과정을 통해 전체적인 시장 분위기의 흐름을 읽을 수 있다.

주식 투자의 경우 단기적으로 사고파는 트레이딩 방식이 아니라 가치투자 방식으로 접근한다. 우량주 위주로 실적이 예상되는 기업을 선정해 저평가된 구간에서 매수하거나 산업의 시작 초기에 투자하는 전략을 사용한다. 예를 들어, 나는 인천 송도에 거주하며 삼성이 바이오 관련 회사를 송도에 적극적으로 설립하고 증설하는 흐름을 포착했다. 내 업종과도 관련이 있었기 때문에 공격적으로 투자했고, 결과적으로 5배가 넘는 수익률을 거두었다. 현재도 바이오 업종에 지속적으로 투자하고 있다.

또한, 2차전지 관련 주식도 2019년부터 관심을 가졌다. 제조업의 트렌드가 내연기관 자동차에서 전기차로 전환되는 시장의 흐름을 캐치했기 때문이다. 산업구조가 바뀐다는 것은 (내연기관 → 전기차 부품 생산) 결국 소비자가 전기차를 대중적으로 사용하기 시작하면 주식시장에도 반영될 것이라는 점을 인지했다. 이에 따라 국내 대형 전기차 관련 주식을 미리 사모았고, 결과는 성공적이었다. 이렇듯, 종목을 선정할 때도 사회와 산업의 흐름을 파악하고 선진입하는 전략이 중요하다.

하지만 모든 자산을 한곳에 집중하지 않는다. 많은 비중을 투자할 경우 변동성이 커지고, 주가가 하락했을 때 리스크가 커지기 때문이다. 그렇기 때문에 나의 현금 자산 50%를 안전하게 보유하며, 주가가 크게 하락했을 때 공격적으로 추가 매수하여 이익을 실현한 후 다시 투자 비율을 10% 수준으로 조정하는 방식을 사용하고 있다.

부동산 투자에서는 주택은 개인 명의로 매입하고, 상업용 부동산은 법인 명의로 매입하는 방식을 취한다. 현재 시장의 트렌드는 법인을 통한 건물 매수이다. 개인보다 법인이 대출 규제에서 자유롭기 때문이다. 하지만 건물 투자를 위해 새로 설립한 법인에는 초기 자본이 부족할 수밖에 없다. 그렇다면 초기 투자금은 어디서 나올까? 개인이 법인을 설립할 때 일부 금액을 자본금 형태로 출사하거나 법인에 돈을 빌려주는 방식으로 해결한다.

예를 들어, 10억 원짜리 건물을 매수하려면 약 2억 원의 자기 자본이 필요하다. 일반적으로 법인을 통해 근린생활시설을 매수할 경우 8억 원 정도는 은행에서 대출이 가능하며, 5% 정도의 추가 비용(취등록세 및 기타 부대 비용 약 5천만 원)이 발생한다. 즉, 총 10억 5천만 원이 필요하며, 이 중 8억 원은 대출을 활용하고, 나머지 2억 5천만 원은 개인이 법인에 자본금으로 투자하거나 빌려주는 방식으로 조달한다.

그렇다면 매도 시에는 어떻게 될까? 건물을 매각하게 되면, 법인은 개인에게 빌린 자금을 다시 상환한다. 예를 들어, 10억 원에 매수한 건물을 매각할 때는 절대 10억 원 이하로 팔지 않는다는 전제하에 매매 차익이 발생한다. 이 매매 차익은 다시 부동산 투자에 재투자하고, 법인이 개인에게 빌린 2억 5천만 원을 상환한다.

그렇게 돌려받은 2억 5천만 원으로 5억 원짜리 아파트를 매수할 때, 세입자의 전세금 2억 5천만 원을 활용해 투자한다. 즉, 주택의 경우 개인 명의로 매수하여 안정적인 자산으로 보유하고, 상업용 부동산은 법인을 통해 레버리지를 적극적으로 활용하는 방식을 유지하고 있다. 이러한 전략을 통해 주택은 안전한 자산으로 확보하면서도, 법인을 활용한 상업용 부동산 투자를 통해 높은 레버리지 효과를 극대화하는 방식으로 자산을 불려나간다.

건물 투자에는 차익형 부동산과 수익형 부동산이 있다. 차익형 부동산은 수익률이 높지는 않지만, 누가 봐도 탐낼 만한 땅, 예를 들어 성수동이나 강남처럼 최상급 입지에서 시세 차익을 노리는 투자 방식이다. 반면, 수익형 부동산은 큰 매매 차익보다는 안정적인 월세 수익을 추구하는 방식으로, 강남보다는 서울 외곽이나 경기도, 지방으로 갈수록 수익률이 높아지는 특징이 있다. 하지만 이런 지역의 건물은 모두가 선호하는 상급지가 아니기 때문에 매매 차익이 크지 않고, 수요자도 많지 않다.

그럼 차익형과 수익형 중 어느 것이 더 좋은 투자일까? 사실 둘의 경계는 명확하지 않다. 어느 정도 수익을 창출하면서도 시세 차익을 거둘 수 있는 건물도 존재한다. 건물은 A라는 정답이 정해져 있지 않은 투자 상품이기에, 본인의 자금 여력과 현금 흐름, 그리고 앞으로의 투자 방향과 목표에 따라 다르게 접근해야 한다. 건물 투자는 주식처럼 쉽게 사고팔 수 있는 투자 상품이 아니며, 한 번 잘못 매수하면 평생 물릴 수도 있는 고위험 자산이기 때문에, 그 누구보다 신중하게 판단하고 매입해야 한다.

이런 이유로 "처음 건물 투자를 어떻게 해야 할까?" 혹은 "나는 앞으로 어떤 투자 방식을 취해야 할까?" 하는 고민이 많은 투자자들을 모아, 나는 커뮤니티 활동을 운영하고 있다. 내가 운영하는 커뮤니티는 이 책에서 다룬 내용의 확장판이라 보면 된다. 책은 저자와 독자가 소통하는 도구이지만, 커뮤니티는 나를 매개로 다양한 투자자들이 서로 연결되고 함께 성장하는 공간이다.

단적인 예를 들어보자. 루이비통 가방을 산다면, 그 가방은 루이비통 가방으로 끝이다. 루이비통 가방이 샤넬 백이 될 수도, 에르메스 버킨 백이 될 수도 없다. 하지만 그 가방을 사려던 비용을 투자 지식 습득에 사용한다면? 내 커뮤니티에서 투자 컨설팅을 받고, 책을 통해 배우고, 투자에 대한 학습을 지속한다면, 당신 주변에는 루이비통 가방을 든 사람들 대신, 끊임없이 발전하고자 하는 사람들로 가득 차게 될 것이다.

그리고 그들과의 네트워크 속에서 당신은 더 많은 동기부여를 받고, 더 나은 투자 기회를 얻을 것이다. 그렇게 되면, 처음에는 루이비통 가방 하나를 사려던 돈이 결국엔 샤넬 클래식 백도, 에르메스 버킨 백도 살 수 있는 기회를 가져다줄 것이다. 그런데 중요한 건, 이렇게 성장한 당신은 더 이상 소비재에 돈을 쓰고 싶지 않을 것이다. 왜냐? 사치품을 사는 것보다 더 가치 있는 투자 기회를 찾는 사람이 되어 있을 것이기 때문이다.

영끌남 커뮤니티 구경하기

HOW

2장

평범한 직장인도
건물주가 될 수 있는
영끌남 투자 메뉴얼

01

초기 자금 마련 방법과
법인 설립

직장인에게 사업자는 먼 이야기처럼 느껴질 수 있다. 하지만 한 번 해보면 별것 아니다. 요즘 트렌드인 부업을 통해 월 300만 원에서 많게는 수천만 원까지 버는 사람들이 많다. 내 커뮤니티, 수강생, 컨설팅 고객들 역시 그렇게 돈을 벌고 있다.

초기 자금을 마련하는 방법은 크게 세 가지로 나눌 수 있다. 여기서 말하는 초기 자금은 법인 투자를 전제로 하며, 매입하려는 건물이 시세보다 저렴하다는 가정 하에서, 건물에서 나오는 대출금 외에 추가로 필요한 자금을 의미한다. 보통 건물 가격의 20% 정도가 추가로 필요하다고 보면 된다. 그렇다면 이 20%를 어떻게 마련할 수 있을까?

아마 대부분이 이 3가지 유형 안에 속할 것이다.

1. 사업자가 있는 경우

2. 사업자가 아니지만 담보(주택 등 부동산)가 있는 경우

3. 아무것도 없는 경우

그럼 처음 유형부터 살펴보자.

1. 사업자가 있는 경우

우선 사업자의 신용도를 높이는 것이 핵심이다. 사업자가 돈을 잘 벌고 있다는 것을 증명하는 것은 재무제표다. 재무제표에 매출과 영업이익이 안정적으로 나타나면 은행에서는 더 많은 대출을 승인한다. 이자를 상환할 수 있는 충분한 능력이 있다고 판단되면, 더 저렴한 금리로 더 많은 돈을 빌릴 수 있다.

건물을 매수할 때 일반적으로 매입 건물을 담보로 대출을 받지만, 사업자의 재무제표를 활용하면 80%가 아닌 그 이상을 대출받을 수도 있다. 법인이라면 최대 90%까지 가능하다. 10%의 차이가 별거 아니라고 생각할 수도 있지만, 20억 원짜리 건물을 매입할 경우

10%는 2억 원에 해당한다. 이 2억 원을 모으는 데 걸리는 시간을 생각하면, 레버리지를 극대화하기 위해 사업자의 신용도를 높이는 과정이 필수적이라는 것을 알 수 있다.

그렇다면 부족한 10~20%는 어떻게 마련할까?

우리가 흔히 받는 주택 담보 대출은 가계자금 대출로, DSR이나 LTV 규제를 적용받는다. 하지만 사업자 대출은 이러한 규제를 받지 않는다. 사업자는 돈을 빌려 새로운 사업에 투자해야 하므로, 은행에서도 사업자금 대출에는 더 관대하다.

또한 정부에서 특정 업종에 대해 저금리 대출을 지원하는 경우도 많다. 이런 지원 프로그램을 최대한 활용하면, 건물 매수에 필요한 10~20%의 자금을 마련하는 것은 크게 어렵지 않다. 다만 이 돈은 사업적인 목적으로 사용해야 한다. 단순히 개인 투자 목적으로 사용하면 문제가 될 수 있다.

하지만 여기서 중요한 점이 있다.

예를 들어, 내가 월 1억 원 매출을 올리는 회사를 운영 중인데 직원 인건비, 물류비, 고정비용으로 매달 8천만 원을 지출하고 2천만 원의 영업이익을 내는 구조라고 가정하자. 정부 지원 자금을 통해 3억 원을 추가로 확보하면, 매달 8천만 원의 고정비용을 감당할 수 있고, 결국 회사의 순이익이 증가하게 된다. 이렇게 쌓인 돈으로 건물을 사는 전략을 활용할 수 있다.

2. 사업자가 아니지만 담보가 있는 경우

이 경우 담보를 활용하여 초기 자금을 마련하는 방법이 있다.

건물을 매입할 때 일반적으로 80% 대출이 가능하다고 하지만, 이 80%는 다시 65%와 15%로 나뉜다.

- 65%는 건물 자체를 담보로 하는 대출
- 15%는 법인의 신용도를 적용한 대출

일반적으로 신용대출보다는 담보대출의 금리가 더 저렴하다. 만약 위에서 말한 15% 대출을 신용이 아닌 담보를 활용해 대출받으면, 금리가 낮아지거나 대출 한도가 늘어날 가능성이 크다.

또한, 보유한 부동산을 활용해 일정 자금을 확보한 후, 이를 건물 매입 자금으로 사용하는 방법도 있다. 이와 같은 방식으로 필요한 20%의 초기 자금을 마련할 수 있다.

3. 아무것도 없는 경우

"나는 아무것도 없는데, 어떻게 해야 할까요?"

나는 단순히 건물을 사는 방법을 알려주는 강사가 아니다. 건물주가 되는 전 과정을 서포트하는 경영 컨설팅을 진행하는 사람이다. 본 업은 아니지만, 요즘은 요청이 많아 본업보다 더 많은 시간을 투자하고 있다.

이런 상황에 있는 사람들에게 나는 부업을 통한 현금 흐름 창출을 권한다.

예를 들어, 월 순수익 400만 원을 벌 수 있다면 4% 금리 기준으로 약 10억 원의 건물을 매수할 수 있다.

이때 건물 가격 10억 원 중 8억 원은 건물 담보 대출로 해결 가능하지만, 나머지 2억 원을 마련할 방법이 필요하다.

나는 이 2억 원을 마련할 수 있도록 사업자를 만들고, 수익을 창출하는 방법을 서포트한다.

건물 투자와 관련된 숙박업, 공간 대여업을 시작으로, 해외 구매대행, 쿠팡 로켓그로스, 농축수산물 위탁 판매, 경매·공매를 통한 현금 흐름 확보, 공동구매, AI를 활용한 부수입 창출 등 다양한 사업자 경영 컨설팅을 제공하고 있다. 부족한 부분은 1:1 상담을 통해 적극적으로 해결하며, 건물주가 될 때까지 전 과정을 케어한다.

만약 도움이 필요하다면 매번 시장 상황에 맞춰 2개월 간격으로 무료 세미나를 진행하고 있으니 참여해보길 바란다. 세미나 정보는 프로필 링크에 남겨둘 예정이며, 인스타그램과 유튜브에서 '영끌남'을 검색하면 된다.

02

급매물을 찾는 방법과 매수 전략

출처: 중고나라 - 누군가가 중고나라에 올려, 내가 구매할 수 있었던 펜션 판매 글

건물을 사는 방법을 알았다면, 이제 급매물을 어떻게 잡아야 할까? 급매물은 어떤 매물을 의미할까?

가장 흔하게 매물을 찾을 수 있는 곳은 네이버 부동산이다. 하지만 네이버 부동산에 올라온 매물은 말 그대로 흔한 매물이다. 즉, 가격적인 메리트가 없는 물건이 대부분이다. 그렇다면 온라인에서 급매물을 찾을 방법은 없을까? 있다.

나는 네이버 카페를 활용한다. 예를 들어, 내가 서울 신림동에 거주한다고 가정하면, 네이버 검색창에 '신림 건물 급매'라고 입력한 뒤 최신순으로 정렬하고, 카페 글만 보기를 선택한다. 간혹 급하게 건물을 처분해야 하는 소유주가 본인의 연락처를 공개하고 직접 매물을 올리는 경우가 있다. 이런 매물들은 개인 간 거래가 이루어지는 것처럼 나타나는데, 블로그 글은 대부분 광고성 게시글이므로 걸러야 한다.

글을 최신순으로 정렬해 살펴보면, '이거다' 싶은 느낌이 오는 개인 게시물이 눈에 띄는 경우가 있다. 이러한 게시물은 자주 올라오지 않지만, 한 번 나오면 정말 좋은 급매물이 될 가능성이 크다. 그래서 나는 매일 아침 습관처럼 관심 있는 지역을 키워드로 검색하며 매물을 찾는다.

오프라인에서는 상속이나 증여 등 특별한 사연이 있는 물건을 집중적으로 살펴보는 것이 중요하다. 부동산이 급매로 나오는 가장 대표적인 경우는 건물주가 사망하면서 자녀들이 건물을 상속받았을 때다. 우리나라에서 가장 부담이 큰 세금 중 하나가 상속세와 증여세다. 건물을 보유한 채 사망하면 감정평가를 거쳐 상속세를 납부해야하는데, 공제되는 금액이 일부 있더라도 건물 가치가 높으면 세금 부담이 상당하다. 보통 건물 가격의 절반 정도가 세금으로 나간다고 보면 된다.

그럼 상속자가 세금을 낼 현금이 없거나, 대출을 받을 수 없는 상황이라면 어떻게 할까? 결국 건물을 팔 수밖에 없다. 이런 매물은 가격 조정이 쉽다. 어차피 비싸게 팔아도 세금으로 상당 부분이 빠져나가므로, 상속자는 적당한 가격에 빠르게 매각하는 것이 더 유리하기 때문이다. 실제로 내가 매수한 건물들 중 대부분이 이런 상속과 관련된 매물이었고, 가격 협상이 쉬운 편이었다. 따라서 상속으로 인해 나온 매물은 유심히 살펴볼 필요가 있다.

온라인에서는 내가 운영하는 커뮤니티에 가입하면 서울·경기권뿐만 아니라 전국의 급매물을 받아볼 수 있다. 나는 투자자로서, 그리고 컨설팅을 통해 건물 보는 눈을 키운 투자자들과 함께 일하기 때문에, 이 물건이 급매인지 아닌지 빠르게 판단할 수 있다. 또한, 대출 및 세무 관련 부분도 지원해 주기 때문에 별다른 걱정이 없다. 내 커뮤니티에 있는 사람들은 철저히 준비된 투자자다.

그렇다면 어떤 일이 벌어질까? 저렴한 건물이 시장에 나오면, 우리 커뮤니티 안에서 먼저 매수한다. 나는 서울·경기권뿐만 아니라 지방의 대형 중개법인들과 연결되어 있어, 그들이 가장 싸고 좋은 물건을 우선적으로 제공한다. 그럼 나는 이 매물을 컨설팅 고객들에게 공유하고, 그중 한 명이 빠르게 매수한다. 매수자는 시세보다 저렴하게 건물을 사고, 중개인은 수수료를 얻는다. 이렇게 모두가 이익을 얻는 구조가 바로 내가 원하는 방식이며, 현재 실행하고 있는 방식이다.

오프라인에서는 지역 부동산 사장님과 좋은 관계를 유지하는 것이 급매물을 확보하는 핵심이다. 로컬 부동산 사장님과 신뢰 관계를 형성하려면, 그들도 내가 실제 구매 의사가 있는 사람이라는 확신을 가져야 한다. 가장 좋은 방법은 돈이 없어도 있는 척하는 것이다.

진짜로 매수할 사람처럼 보이면, 그들은 자기만 알고 있는 숨겨진 매물을 제공할 가능성이 커진다. 하지만 무턱대고 부동산에 찾아가는 것은 비효율적이다. 먼저 전화를 해서 내가 원하는 물건의 조건을 설명하고, 대화를 나눈 후 방문하는 것이 효과적이다.

전화를 했을 때 '이 사람과 맞겠다'라는 느낌이 오는 부동산 사장이 있다면, 직접 방문해 "전화드렸던 사람입니다"라고 하면 된다. 이미 전화로 친밀감을 쌓았기 때문에, 그들은 내가 진지한 구매자라고 인식할 가능성이 크다. 이렇게 하면 숨겨진 매물을 받을 확률이 높아진다.

부동산과 지속적으로 소통하는 것도 중요하다. 만약 부동산에서 소개해 준 물건이 마음에 들지 않는다면, 단순히 거절하는 것이 아니라 왜 마음에 들지 않는지 솔직하게 설명해 주는 것이 좋다. 이렇게 하면 부동산 사장님도 내 니즈를 점점 더 정확히 이해하게 되고, 결국 내가 원하는 매물에 대한 정확한 감이 생긴다.

이런 내 편이 되어줄 지역 부동산 사장님이 많으면 많을수록 급매물, 숨겨진 매물을 얻을 기회가 커진다. 이 과정은 커피 한 잔 마시러 가듯이 취미처럼 접근하는 것이 좋다. 지역 부동산의 문턱은 생각보다 높지 않다. 그리고 그 문턱을 넘는 순간, 수억 원을 아낄 기회가 찾아올 것이다.

급매물인지 아닌지를 빠르게 판단하려면 나만의 기준이 필요하다. 가장 먼저 부동산 실거래가를 조회하여 주변 건물 가격을 비교해야 한다. 실거래가 조회는 밸류맵^{Valueupmap}이라는 사이트를 이용하면 편리하다. 밸류맵은 부동산 실거래가 데이터를 한눈에 확인할 수 있는 사이트로, 원하는 지역의 최근 거래 내역을 쉽게 찾아볼 수 있다.

이 사이트에서 건물의 토지 평당 가격을 계산해, 내가 관심 있는 건물이 주변 시세보다 저렴한지 확인한다. 예를 들어, 100평짜리 건물이 100억 원에 나왔다면 평당 가격은 1억 원이다. 이후 주변 건물들의 실거래 가격을 살펴보며 비교한다. 만약 주변 건물들이 평당 1억 원 이하에 거래되었다면, 이 건물은 비싼 것이므로 제외한다. 반대로, 주변 시세가 평당 1억 원 이상이라면 추가 검토 대상이 된다.

그다음 랜드북^{Landbook}이라는 어플을 이용해 해당 건물의 AI 감정평가를 확인한다. 랜드북은 대략적인 부동산 가격을 AI를 통해 감정해 주는 서비스로, 감정평가사의 정식 감정보다는 정확도가 떨어질 수 있지만, 큰 흐름을 파악하는 데 유용하다. 만약 AI 감정가가 매수가보다 20% 이상 높다면, 보다 적극적으로 검토할 필요가 있다.

마지막으로 은행에 탁상 감정을 요청한다. 탁상 감정이란 감정평가사가 직접 현장을 방문하지 않고 서류를 검토하여 감정평가를 내리는 방식이다. 알고 있는 감정평가사가 있다면 하루 안에 답변을 받을 수 있고, 은행의 지점장이나 부지점장을 통해 요청하면 협약된 감정평가사를 통해 감정가를 받을 수도 있다.

그렇게 저렴한 가격이 확인되었다면, 이제 건물에 들어가 있는 세입자의 상태를 파악해야 한다.

음식점이 입점한 경우에는 시설 투자 비용이 크기 때문에 쉽게 나가지 않는다. 하지만 사무실 세입자는 조심해야 한다. 부동산에서 고지하는 월세만 믿고 수익률이 잘 나온다고 생각했다가, 높은 월세를 내던 사무실이 갑자기 나가버리면 큰일이 난다. 내 건물과 비슷한 건물들을 찾아보고, 해당 지역의 임대료 시세를 파악하는 과정이 필수적이다.

임대료는 평당 임대료로 계산한다. 특히 엘리베이터의 유무가 2층 이상 층의 임대료를 크게 좌우하기 때문에, 내가 사려는 건물에 엘리베이터가 없다면, 같은 지역 내 엘리베이터가 없는 건물의 임대료 시세를 기준으로 삼아야 한다. 네이버 부동산을 활용해 주변 지역에 나와 있는 임대 매물을 조사하고, 내 건물에 적용해본다. 그렇게 해서 현재 수익률이 잘 나오는지, 혹은 공실이 발생했을 때 수익률을 개선할 여지가 있는지 분석한다.

특히 기존 세입자가 사무실인 경우에는 더욱 주의해야 한다. 사무실의 경우에는 계약 종료 후 다른 지역으로 이전할 가능성이 높기 때문이다. 사무실이 아니더라도, 리스백(건물주가 건물을 매각한 후에도 계속 사용하며 월세를 내는 방식) 조건이 있다면 세부 조항을 반드시 확인해야 한다. 리스백 계약이 있는 경우, 기존 건물주가 일정 기간 거주하며 월세를 내지만, 이후 공실이 발생할 위험이 있기 때문에 꼼꼼한 검토가 필요하다.

이런 요소들을 점검한 후, 나이스비즈맵이라는 앱을 사용하여 건물의 유동인구를 파악한다. 유동인구는 건물 매수에서 매우 중요한 요소다. 사람이 많이 다니는 곳은 공실 위험이 낮고, 임대료가 안정적으로 유지될 가능성이 높다. 반대로 유동인구가 적은 곳은 공실 위험이 크고, 건물 가격이 하락할 가능성이 높다.

오픈업Openup이라는 사이트를 활용해 주변 건물, 혹은 내 건물에 입점한 매장의 예상 매출도 확인한다. 세입자가 장사를 잘해야 월세를 낼 수 있기 때문이다. 만약 장사가 되지 않는 세입자라면 건물을 매수한 후 이탈할 가능성이 크기 때문에 세입자의 사업 안정성까지 고려해야 한다.

이제 현장 답사를 한다. 아침과 저녁에 직접 방문해 분위기를 살펴보고, 주변 상권을 분석한다. 직접 가보면 느껴지는 분위기가 있다. "아, 여기다. 이거 내 거다."라는 직감이 들면 다음 단계로 넘어간다.

이제 매수 전에 어떻게 팔지를 생각하는 단계, 즉 엑시트 플랜을 구체화하는 단계다.

우리는 장기투자를 할 사람들이 아니다. 단기적으로 건물을 매수한 후, 불완전한 요소들을 보완해 가치를 올리고, 시장에서 적절한 가격에 매각하는 전략을 취해야 한다. 물론 장기 보유도 가능하지만, 반드시 매수자 관점에서 고려해야 한다.

내 건물을 사줄 사람은 누구일까? 내가 원하는 매도가격에서 매수자도 매력적인 투자 기회를 얻을 수 있는가? 이 부분을 철저히 계산해야 한다. 이런 객관적인 지표 없이 단순히 "이 건물 마음에 든다"는 이유만으로 매수하면, 첫 투자에서 실패할 확률이 높다.

항상 염두에 둬야 한다. 매수자에게도 먹을거리를 남겨줘야 한다. 그럼 나는? 그 먹을거리를 남겨주면서도 내가 충분한 이익을 볼 수 있는지 고민해야 한다.

그다음, 내가 본 건물의 토지 용도를 파악한다.

1종 주거지역, 일반 상업지역, 준공업지역, 준주거지역 등 다양한 토지 용도가 있으며, 기피해야 할 토지 용도도 있다. 기피해야 할 토지일 경우 더 보수적으로 접근해야 한다.

마지막으로, 건물 앞 도로의 소유권을 확인한다. 보통 도로는 국가 소유라고 생각하기 쉽지만, 좁은 골목길은 개인 소유이거나, 건물주들끼리 공유하는 지분도로일 수도 있다.

만약 내가 매수하려는 건물이 지분도로에 걸려 있고, 내 지분이 없는 경우라면? 그 건물은 맹지라고 보면 된다. 맹지는 도로 접근성이 없거나 제한적인 상태의 토지를 의미하며, 건축이나 활용에 큰 제한이 있을 가능성이 높다.

나는 괜찮다고 해도, 만약 시행사가 이 건물을 산다면? 개발이 불가능한 땅이기 때문에 매력이 없는 건물이 된다. 즉, 다음 매수자에게 메리트가 없는 건물은 사지 않는 것이 좋다.

이제 인터넷에서 마음에 드는 건물을 찾았다면, 보통은 바로 부동산에 전화를 걸어 매물을 확인하려고 한다. 하지만 전화를 하더라도 바로 건물을 보러 가지는 말아야 한다.

일단 전화로 대략적인 정보를 수집한 후, 부동산 없이 먼저 혼자 가보는 것이 좋다. 부동산과 함께 가면, 관계상 반드시 그 부동산과 계약을 해야 할 것 같은 압박을 받을 수 있다. 하지만 부동산 중개인이 누구의 편일까?

그는 원래 매도인이 처음으로 연락한 사람이다. 즉, 부동산은 매도인의 편이다.

내가 가격 조정을 원하면, 부동산이 비협조적으로 나올 가능성이 크다. 내가 중개 수수료 인하를 요구해도, 이미 건물을 보고 왔기 때문에 협상에서 불리해질 가능성이 높다.

그럼 중개사 없이 직접 거래를 해야 할까? 아니다. 우선 건물을 직접 보고, 건물주의 번호를 확보하는 것이 중요하다.

대부분의 건물에는 소방관리자의 연락처가 의무적으로 기재되어 있다. 이 소방관리자의 연락처는 건물주의 연락처일 확률이 90% 이상이다. 이 번호를 확보한 후, 직접 건물주에게 전화하지 말고, 내가 가장 신뢰할 수 있는 부동산을 통해 협상하도록 한다.

이제 내 편이 되어줄 부동산을 선택한다. 그리고 그 부동산에게 "이 건물 사고 싶은데, 가격을 네고해 달라"고 요청한다.

이 경우, 부동산은 나를 위해 협상할 가능성이 커진다.

부동산에 물건을 가져다준 건 나이기에, 가격 네고 폭이 더 커질 가능성이 높고, 중개 수수료도 최소화할 수 있다.

만약 협상이 잘 되지 않는다면? 내가 욕을 먹는 게 아니라, 내 편인 중개사가 매도인과 협상을 하는 과정에서 부담을 지게 된다.

만약 협상이 성공하면, 합당한 수수료를 지불하고 계약을 진행하면 된다. 실패한다면? 다른 건물을 찾으면 된다.

건물 투자에서 가장 중요한 것은, 절대 시장 가격보다 비싸게 사지 않는 것이다.

우리는 반드시 시장에서 가장 저렴한 가격에 건물을 매수해야 한다. 그래야만, 나중에 매도할 때도 충분한 이익을 남길 수 있다.

03

자금계획 수립하기

신용평가 의뢰서

출처: 신한은행 자료집

건물이 정해졌다면, 이제 해야 할 것은 자금 계획을 수립하는 것이다. 얼마의 대출을 받을 것이며, 어떻게 이 건물을 내 것으로 만들 것인지 구체적으로 계획해야 한다. 이를 위해서는 은행과의 협력이 필수적이다.

은행과 만날 때는 항상 돈이 없어도 있는 척해야 한다. 내 사업이 현재 잘되지 않더라도 앞으로 잘될 것처럼 이야기해야 한다. 대출 담당 직원도 결국 사람이다. 아무리 객관적인 수치와 데이터를 바탕으로 판단한다고 해도, 사람인 이상 주관적인 요소가 개입될 수밖에 없다.

그렇기 때문에, 내가 신뢰할 만한 사람이라는 것을 어필해야 한다.

은행의 신용평가는 단순히 나이스^{NICE} 등 신용평가 기관에서 제공하는 개인 신용등급과 다르다. 은행은 자체적으로 신용을 평가하며, 이를 BB, BBB+, A 등급으로 나누어 관리한다. 이 신용 등급을 높게 받는 것이 핵심이다.

이를 위해서는 은행 담당자에게 내가 신뢰할 만한 사람이며, 안정적인 금융 거래를 해온 사람이라는 인식을 심어주는 것이 중요하다.

가장 효과적인 방법은 잔금 대출을 받을 은행에서 거래 실적을 미리 만들어 두는 것이다. 은행은 대출 심사를 할 때 단순한 신용 등급뿐만 아니라 기존 고객의 거래 실적도 중요하게 본다. 즉, 그 은행에서 얼마나 꾸준히 금융 거래를 해왔는지에 따라 대출 한도와 금리가 달라질 수 있다.

거래 실적을 쌓는 방법은 다양하다.

- 입출금 통장 개설 (해당 은행을 주거래 은행으로 만들기)
- 정기 예금 가입 (은행과의 거래 신뢰도를 높이는 데 효과적)
- 퇴직연금 가입 (장기적인 거래 실적 확보)
- 체크카드 사용 (거래 빈도 증가)
- 보험 가입 (은행과의 금융 연계 강화)

이런 방법들을 활용하면, 은행에서 내가 우량 고객으로 인식될 확률이 높아진다.

여기서 가장 중요한 것은 은행 담당자에게 직접 물어보는 것이다.

"제 신용등급을 더 올릴 방법이 있을까요?"

이렇게 물어보면, 은행 담당자가 어떤 조건을 충족하면 신용을 높일 수 있는지 직접 설명해 줄 것이다. 그들이 제시하는 방법을 그대로 따라가면 된다.

만약 개인이 아닌 법인 명의로 건물을 매수할 경우, 법인 신용도 역시 같은 방식으로 관리하면 된다. 법인 계좌를 개설하고, 예금, 퇴직연금, 법인카드 사용 등의 거래 실적을 만들어두면 법인 신용등급도 상승하게 된다.

그 후에는 낮은 금리와 높은 대출 한도가 나를 기다리고 있을 것이다.

이후, 내가 매수하려는 건물이 금리 지원을 받을 수 있는 대상인지 확인하는 과정이 필요하다.

예를 들어, 사옥 매입을 위한 대출이라면 중소기업진흥공단이나 한국은행 C2 자금 등 여러 지원 프로그램을 활용할 수 있다.

이러한 정부 및 공공기관의 지원 프로그램은 금리가 낮고, 상환 조건이 유리한 경우가 많기 때문에 적극적으로 활용하는 것이 좋다.

은행과의 협상력은 내가 얼마나 준비된 사람인지에 따라 달라진다.

미리 철저하게 준비하고, 은행과의 관계를 구축해 둔다면 금리는 낮추고, 대출 한도는 높일 수 있다.

04

실전 계약 꿀팁

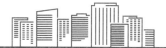

건물도 정해졌고, 대출도 확인했다. 이제 실전이다. 우리는 계약을 체결할 때 가장 유리한 조건으로 계약을 해야 한다.

계약에서 중요한 개념 중 하나가 명도다. 명도란 기존 세입자를 건물주가 내보내 공실 상태로 만들어 주는 것을 의미한다. 이 과정을 요구하는 이유는 다양하다.

1. 건물 매입 후 직접 사업을 하기 위해

2. 리모델링 및 대수선을 통해 건물 가치를 높이기 위해

3. 기존 세입자가 낮은 월세를 내고 있어, 새로운 세입자를 유치하여
   임대 수익을 개선하기 위해

하지만 이런 목적이 없더라도 일단 명도를 요구하는 것이 유리하다.

이유는 간단하다. 협상 카드로 활용할 수 있기 때문이다.

명도를 요구하는 것은 곧 매도인이 세입자에게 이사 비용을 지불하고 내보내야 한다는 뜻이다. 즉, 매도인 입장에서 추가적인 비용 부담이 발생한다. 만약 명도를 받아주겠다고 하면, 이후 협상에서 "명도 필요 없으니 그만큼 건물 가격을 깎아달라"고 제안할 수 있다.

실제로 내가 이 방법으로 건물 가격을 깎은 사례가 있다.

계약 당시, 나는 매매가 45억 원에 건물을 매수하기로 했다. 1층부터 3층까지는 공실이 예정되어 있었고, 4층에만 세입자가 있었다. 나는 건물주에게 "사옥으로 사용할 계획이니 4층 세입자를 내보내 달라"고 요구했고, 건물주는 동의했다. 그렇게 계약서를 작성했다.

그런데 변수가 생겼다.

4층 세입자가 "1억 원을 주지 않으면 나가지 않겠다"며 건물주를 압박한 것이다. 건물주는 난감한 상황에 처했고, 나에게 협상을 제안했다.

"세입자가 1억 원을 요구하는데, 내가 그만큼은 줄 수 없다. 대신 7천만 원을 빼줄 테니 명도 조건을 없애는 건 어떠냐?"

이 건물은 엘리베이터가 없는 오래된 건물이었고, 사실 4층 세입자가 계속 거주해도 내 계획에 큰 지장이 없었다. 결국, 나는 7천만 원을 추가로 네고하여 45억 원이었던 계약서를 44억 3천만 원으로 수정했다.

이처럼 명도 조건을 협상 카드로 활용하면 매입가를 낮출 수 있다.
꼭 기억하자. "명도 조건 계약 요청"

계약 전 반드시 체크해야 할 사항

1. 용도 변경

법인으로 건물을 매수할 경우, 단독주택을 매입하면 절대 안 된다.

왜냐하면 취득세가 약 14%까지 올라가기 때문이다. 반면, 근린생
활시설로 용도 변경하면 취득세가 4.6%로 줄어든다.

즉, 정말 사고 싶은 단독주택이 있다면 매도인에게 근린생활시설
로 용도 변경을 협조해 달라고 요청해야 한다.

과거에는 1주택자가 주택을 근린생활시설로 용도 변경한 뒤 매각
하면 세금 감면 혜택이 사라졌기 때문에 협조를 거부하는 경우가 많
았다. 하지만 최근 법이 개정되면서 매도인도 협조해 주는 경우가 많
아졌다.

따라서, 계약 전에 반드시 용도 변경 여부를 확인해야 한다.

2. 건물 상태 점검 - 특히 누수 및 배관 문제

우리가 매수할 건물은 완벽한 신축 건물이 아니라 노후 건물일 확
률이 높다. 그렇다면 무엇을 가장 주의해야 할까?

건물의 균열이나 외벽 상태도 중요하지만, 가장 신경 써야 할 것은 누수와 수도 배관 문제다.

냉난방은 보일러가 아닌 냉난방기로 해결할 수 있고, 전기 하자는 세입자가 입주할 때 손보면 된다. 하지만 배관 문제는 해결하기 어렵다. 수도 배관은 지하에 묻혀 있는 경우가 많고, 교체 비용이 매우 크기 때문이다.

따라서 계약 전에 건물 내부와 외부에서 누수가 있는지 반드시 점검해야 한다. 가능하다면 하자 보수에 관한 특약을 넣는 것도 방법이다. 하지만 오래된 건물일수록 매도인이 이를 인정하지 않는 경우가 많으므로, 계약 당시 명확하게 누수 문제 해결을 요청해야 한다.

잔금 지급일까지 건물에 자주 방문하여 누수 및 배관 상태를 직접 체크하는 것이 중요하다.

세입자가 있는 경우, 특히 음식점 세입자가 있다면 그곳을 직접 이용하면서 건물 상태를 파악하는 것이 좋다.

이때, "내가 건물을 매수할 사람"이라는 걸 밝히지 말고, 그냥 소상공인처럼 접근하는 것이 효과적이다.

"여기 장사하신 지 오래되셨죠? 건물 문제 같은 건 없나요?"

이런 식으로 자연스럽게 대화를 유도하면, 건물의 전후 사정을 알 수 있다. 만약 누수나 배관 문제를 발견했다면, 잔금 지급 전에 반드시 매도인을 통해 해결하도록 요청해야 한다.

잔금을 지급하면, 이후에는 전 건물주에게 하자 보수를 요구하기 어렵다.

따라서, 잔금 지급 전까지 긴장의 끈을 놓지 말자.

3. 마지막 협상 – 이제 '거지 모드'로 변신할 차례

우리는 건물을 찾을 때, 부동산 사장님에게 돈 자랑을 했다. "나는 확실한 매수자"라는 신뢰를 주기 위해서였다.

은행에서는 부자인 척했다. 대출 금리를 낮추기 위해서였다.

하지만 이제는 거지처럼 행동해야 한다.

부동산 사장님에게는 중개 수수료를 협상해야 한다.

"저 사실 힘든 소상공인이에요. 허세 좀 부렸어요. 세금 내고 나면 남는 것도 없어요. 중개 수수료 조금만 깎아주시면 안 될까요?"

부동산 사장님과 어느 정도 친해졌다면, 이런 부탁을 했을 때 흔쾌히 양보해 줄 가능성이 크다.

매도인에게도 마지막 네고를 해야 한다.

매도인에게는 돈 자랑하면서 건물 네고를 요구하면 어색하다.

그래서 나는 항상 불쌍한 소상공인 컨셉으로 접근한다.

"저는 열심히 사는 소상공인인데요. 불쌍한 저 좀 도와주세요. 조금만 깎아주시면 안 될까요?"

이렇게 말하면, 사람은 아무리 냉정한 사람이라도 감정적으로 반응할 가능성이 높다.

냉혈한도 감정을 가진 인간이다. 감정에 반응하는 게 사람이다.

공실 리스크?
그게 뭐예요?

많은 사람들이 묻는다. "공실이 나면 이자도 못 내고 허덕이는 거 아닌가요?" 모든 투자에는 리스크가 존재한다. 아무리 삼성전자가 우량 주식이라 하더라도 주가가 하락할 가능성이 있고, 내가 원화를 가지고 있더라도 달러 가치가 상승하면 원화의 가치는 하락한다. 건물 투자 역시 마찬가지다. 내가 직접 사용하지 않는 이상 공실은 피할 수 없는 숙제다. 하지만 공실 리스크를 줄이는 방법은 있다. 나는 두 가지 방식으로 접근한다.

첫 번째, 공실이 발생할 가능성이 높은 지역의 건물은 매입하지 않는다. 즉, 공실이 나지 않을 곳에 투자한다. 흔히 지방이라고 해서 공실이 많다고 생각하는데, 사실 공실 문제는 지방과 서울의 문제가 아니다. 현재 강남에서도 공실 문제가 심각하다. 공실은 단순히 지역적인 문제가 아니라 상권 변화에 따라 발생하는 것이다. 신사동 가로수길을 보면 알 수 있다. 과거에는 최고의 입지였지만, 현재는 공실이 심각한 수준이다. 강남 이면도로에 신축된 소형 사옥 건물들도 마찬가지다. 2020년과 2021년에는 공실이 많지 않았지만 지금은 상황이 다르다.

왜 이런 변화가 생겼을까? 코로나 이후 저금리 정책으로 인해 시장에 유동성이 넘쳐났고, 스타트업 붐이 일었다. 투자 유치를 받은 스타트업들은 강남으로 몰려들었고, 월세 2,000~3,000만 원을 감당할 수 있었다. 당시 공급보다 수요가 많았기 때문에 공실이 거의 없었다. 이를 보고 많은 사람들이 강남 건물 개발에 뛰어들었다. 하지만 2025년, 금리가 상승하며 스타트업들은 투자 유치에 어려움을 겪기 시작했다. 공급은 늘어났지만 수요는 줄어들었고, 강남의 공실 문제는 점점 심각해졌다. 게다가 코로나로 인해 비대면 근무 문화가 정착되면서 많은 IT 기업들이 재택근무를 도입했고, 이는 사무실 수요 감소로 이어졌다.

이런 상황을 고려했을 때, 강남 이면도로의 공실 문제는 쉽게 해결되지 않을 것이다. 따라서 현재 경제 상황과 소비 트렌드를 면밀히 분석하고, 공실 리스크가 높은 지역의 건물 매입은 피해야 한다.

두 번째로, 내가 가진 건물의 장점을 최대한 부각시켜 입점 제안서를 만든다. 이후 내 건물을 필요로 할 사람들에게 먼저 제안한다.

이 책을 읽는 독자들은 부자가 되기 위해서, 혹은 건물주로 은퇴를 꿈꾸기 때문에 이 책을 읽고 있을 것이다. 그만큼 노력에 있어서 누구보다 앞서 있는 사람들이다. 하지만 일반적으로 공실이 난 건물들의 공통점을 보면, 건물주가 적극적으로 임대 홍보를 하지 않았다는 점을 알 수 있다. 대부분 인근 부동산 몇 군데에 매물을 내놓고, 전화로 "주소, 건물 평수, 층수, 보증금, 월세" 정도만 설명하는 게 전부다.

지금은 마케팅의 시대다. 하지만 많은 건물주는 이런 수동적이고 고전적인 방식만 사용하면서 공실이 발생하는 것을 마치 사회 구조적 문제인 것처럼 치부한다. 하지만 이는 명백히 잘못된 접근이다.

내 건물의 공실을 좋은 임차인으로 채우고 싶다면, 내가 직접 좋은 임차인을 찾아야 한다. 한국에 있는 모든 우량 임차인에게 먼저 다가간다.

예를 들어, 배스킨라빈스 본사 홈페이지에 접속한다.

이후 내가 속한 지역의 직영·가맹 담당자 연락처와 이메일을 확보한다.

그들에게 "내 건물에 직영점을 입점해달라."고 요청한다. 만약 직영이 어렵다면 "가맹점 입점을 고려해달라."고 요청한다.

이후 내 건물의 장점을 강조한 입점 제안서를 제작해 담당자에게 보낸다.

이때 중요한 것은 "배스킨라빈스가 선호하는 입지"라는 점을 적극적으로 어필하는 것이다.

이 방법을 배스킨라빈스뿐만 아니라 자동차 전시장, 가구점, 은행, 대형 프랜차이즈 카페, 해당 지역의 핵심 기업, 기타 프랜차이즈 매장 등에도 적용한다.

한국에 있는 모든 업체에 입점 제안서를 보낸다.

이 과정을 밥만 먹고 진행한다고 해도 최소 두 달 이상이 걸린다. 실제로 나도 이렇게 임차인을 유치하고 있다. 그렇게 하면 결국 좋은 임차인을 맞추게 된다.

만약 배스킨라빈스에서 "직영점은 어렵지만 가맹점은 찾아볼 수 있다."는 답변을 받았다고 가정해보자. 여기까지 왔다면 이미 큰 성과를 거둔 것이다.

가맹점 담당자는 가맹점을 유치하면 수수료를 받는다. 따라서 그 담당자에게 "내 건물을 적극적으로 어필해달라."고 요청하면 된다.

누군가는 배스킨라빈스를 입점할 자리를 찾고 있을 것이다.

만약 배스킨라빈스에서 거절당하더라도 한국에는 수많은 프랜차이즈 브랜드가 있다.

분명 하나 이상의 브랜드는 가맹점 허가를 내줄 것이다.

이후 이 장점을 살려 지역 부동산에도 전화를 건다.

하지만 내 건물 바로 근처에 있는 부동산이 아니라, 내 건물보다 상권이 더 좋은 곳의 부동산에 먼저 전화를 한다.

예를 들어, 평당 임대료가 높은 A급 상권의 부동산에 전화를 걸고 이렇게 이야기한다.

"사장님, 제가 건물을 내놓고 싶습니다. 입점 제안서를 카카오톡으로 보내드릴 테니 검토해 주세요. PDF 파일을 보시면 맞는 세입자가 있을지 판단이 되실 겁니다. 참고로 배스킨라빈스, 투썸플레이스 가맹점을 할 사람도 찾아주시면 감사하겠습니다. 본사에서 승인을 받아둔 상태입니다."

이렇게 이야기하면 상급지 부동산 사장님이 관심을 가질 가능성이 높다.

왜냐하면, 그 부동산에는 이미 프랜차이즈를 하고 싶어 하는 가맹 희망자들의 DB가 존재하기 때문이다.

그렇다면 내가 속한 지역이 멀더라도, 그들은 내 건물을 주목해서 보게 된다.

그 이후, 부동산 사장님은 가맹점을 희망했던 고객에게 전화를 건다.

"여기 권리금 없이 당신이 원하던 투썸플레이스를 차릴 수 있는 자리가 나왔습니다. 가서 한번 보세요."

그리고 내가 보낸 입점 제안서를 전달한다.

프랜차이즈 매장을 알아보던 가맹 희망자는 핸드폰 하나로 내 건물의 정보를 한눈에 파악한다.

그런데 본인이 찾던 지역보다 월세도 저렴하고, 권리금도 없다.

그렇다면? 입점을 고려할 가능성이 높아진다.

이렇게 해서 공실을 채운다.

06

건물투자의 꽃,
엑시트

그렇게 세입자를 맞춘다. 우리는 상속으로 인한 급매, 세입자를 맞추지 못해 대출 이자를 감당하지 못하고 나오는 급매, 건물 관리가 귀찮아 급처분하는 연로한 건물주의 매물 등 다양한 이유로 시장 가격보다 저렴한 건물을 매입한다. 그리고 그 건물의 부족한 부분을 채워 넣어 완벽한 상태로 만든다. 처음에는 사람들이 "저런 건물을 왜 사냐?"고 했지만, 시간이 지나면 "나도 사고 싶다"고 말하게 된다.

우량한 임차인을 맞춰 건물의 가치가 상승하고, 주변보다 높은 임대료를 받아 수익률이 증가한다. 이제 매각 단계, 즉 건물 투자의 꽃이다. 이미 시세보다 저렴하게 매수했기 때문에 시세만 맞춰 매도하더라도 다음 매수자에게 충분한 메리트가 생겨 금방 거래될 가능성이 높다. 그렇게 매도를 하면 더 많은 현금 에퀴티가 생기고, 더 상급지에 투자하거나 같은 지역에서 더 큰 건물을 매수할 수 있다. 한 번 해봤기 때문에 두 번째는 훨씬 쉬워지고, 그렇게 자산 가치를 키워나간다.

가끔 부동산에서 전속 계약을 제안한다. "전속으로 맡기면 잘 팔아드리겠습니다." 하지만 나는 전속 중개를 맡기지 않는다. 온라인에서 물건을 판다면 네이버뿐만 아니라 쿠팡, 11번가 등 최대한 많은 플랫폼에서 판매해야 노출이 올라가고 판매 확률이 높아진다. 부동산도 마찬가지다. 급매물을 받을 수 있었던 이유는 일정한 폐쇄성이 존재했기 때문이다. 하지만 매도할 때는 반대로 가야 한다. 최대한 많은 채널을 활용해야 한다. 임대차 계약을 맞출 때처럼 서울권의 모든 중개법인에 입점 제안서와 비슷한 형식의 매각 제안서를 보낸다. 이 매각 제안서에는 가격, 세입자 정보, 건물 상태, 미래 가치 등을 강조한다.

이뿐만 아니라 지역 로컬 부동산에도 동일한 자료를 제공한다. 단순히 건물 주소, 매매 가격, 월세, 보증금 정도만 적어 보낸다면? 물론 그렇게 보내도 되지만, 받는 사람의 입장을 고려해야 한다. 요즘 사람들은 정보를 찾기 위해 검색하는 것조차 귀찮아한다. 유튜브에서도 긴 영상은 지루해하고, 짧고 자극적인 숏폼 영상을 선호하는 시대다. 마찬가지로, 매각 제안서도 짧지만 강렬하게 작성해야 한다. 기업이 직원 채용 시 자기소개서를 중요하게 보듯, 매각 제안서는 건물의 가치를 알리는 핵심 자료다.

일반인처럼 행동하면서 일반인의 범주를 벗어나 부자가 되려는 것은 욕심이다. 부자가 되고 싶다면 남들과 달라야 한다. 그리고 엑시트 전략에서 가장 중요한 것은 매각 제안서를 정교하게 작성하고 다양한 채널을 활용해 적극적으로 홍보하는 것이다.

하지만 여기서 끝이 아니다. 건물을 매수할 때 우리는 항상 사연이 있는 급매물을 찾는다. 그렇다면 매각할 때도 사연을 만들어야 한다. 매도할 수밖에 없는 이유를 강조하는 것이다. 이를 '의미 부여'라고 한다. 예를 들어, 나는 숙박업을 운영 중이기 때문에 사업 확장을 위해 어쩔 수 없이 건물을 매각한다고 설명한 적이 있다. 사업상의 이유로 매각한다고 하면 매수자 입장에서도 이해하기 쉽고, 매각을 서두르는 인상을 주지 않으면서도 자연스럽게 협상 여지를 만든다.

건물을 단기간에 사고 단기간에 팔려고 하면, 이전 거래 가격이 노출될 수밖에 없다. 매수자나 부동산에서도 쉽게 확인할 수 있다. 이럴 때는 어떻게 해야 할까? "내가 이 건물을 보는 안목이 있어서 저렴하게 매입했고, 불완전한 물건을 완벽하게 만들었다."고 직접 설명하는 것보다 감정 평가서를 활용하는 것이 가장 효과적이다.

은행 감정이 아닌 정식 감정평가사에게 감정을 의뢰한다. 최대한 높은 감정 가격을 받을 수 있도록 요청하면, 감정평가서가 이를 뒷받침해 줄 것이다. 감정평가 비용은 10억 원 기준 약 60만 원 정도 발생한다. 하지만 60만 원으로 내 건물의 가치를 객관적으로 인정받을 수 있다면 충분히 투자할 만한 비용이다.

결국, 빠르게 엑시트하고 높은 수익을 올리려면 매각 제안서, 다양한 홍보 채널 활용, 매각 사연 설정, 감정평가서 확보 등 체계적인 전략이 필수적이다. 이렇게 해야 건물을 최대한 유리한 조건으로 매도할 수 있고, 다음 투자로 이어지는 현금 흐름을 만들 수 있다.

WHAT

3장

평범한 직장인이
건물주가 된
실제 사례

0원으로 건물주가 된
95년생 군인 출신 프리랜서

95년생이 매수한 건물

출처: 케이팩중개법인

부의 레버리지 컨설팅을 신청한 한 고객이 있었다. 활발한 성격 덕분에 카카오톡으로 연락을 주고받으며 자연스럽게 친해졌다. 그는 장교 출신이었지만 현재는 TV 프로그램에서 쇼호스트로 활동하고 있는 재미있는 친구였다. 가지고 있던 현금은 이미 아파트와 단독주택 경매에 모두 투입한 상태였다. 현금이 없는 상황에서도 0원으로 투자하는 내 방식이 궁금했지만, 동시에 의심도 많았던 그는 나의 인스타그램을 샅샅이 뒤졌다. 실제로 건물주가 된 사람들의 아이디를 하나하나 눌러보면서 정말로 소액으로 건물을 사고 시세차익을 실현한 이들이 있는지 확인했다. 그리고 그들이 진짜로 수익을 내고 행복해하는 모습을 보고 나서야 "이 사람은 진짜다"라는 확신이 들었다고 한다. 그렇게 그는 나의 온·오프라인 부의 레버리지 컨설팅을 신청하게 되었다.

나 또한 건물 관련 경매와 공매에 관심이 깊었기 때문에 그의 사례는 더욱 기억에 남았다. 그리고 무엇보다 놀라웠던 건, 내가 매 컨설팅에서 알려준 내용을 토대로 하나씩 실행에 옮기는 그의 추진력이었다. 결국 그는 서울에 8억 4천만 원짜리 건물을 6억 2천만 원에 매수하며, 시작부터 2억 2천만 원의 차익을 확보한 채 들어갔다.

해당 건물은 서울 3면 코너에 위치한 역세권 건물로, 2026년 동북선 개통이라는 호재까지 갖춘 3층 규모의 건물이었다. 1층에는 CU 편의점이 입점해 있으며, 현재 기준으로 수익률 5.69%가 나온다. 초보자가 접근하기 쉬운 물건이었기에, 적극적인 자세를 보인 이 고객에게 바로 브리핑을 진행했고, 최종 가격을 조정하는 데도 성공했다. 이후 건물의 예상 수익률이 어디까지 올라갈 수 있을지 주변 임대료 시세와 비교하며 분석해보았다. 현재 5.69%의 수익률에서 공실을 채우고 시세에 맞는 세입자를 맞춘다면 수익률 7%까지 가능하다는 판단이 나왔다. 현재 이자율을 넉넉잡아 4.2%로 계산해도 월 235만 원의 이자가 나가지만, 예상되는 월세 수익은 390만 원 이상이었다. 추가적으로 지하 1층을 파티룸으로 운영한다면 공간 임대 수익이 덤으로 따라오는데, 이 부분에서 최소 100만 원 이상의 추가 수익이 기대되었다.

결국 그는 0원을 투자했을 뿐인데도, 급매물이라는 특성 덕분에 은행 이자를 내고도 충분한 수익을 창출할 수 있는 건물을 확보했다. 더 나아가 건물의 불완전한 요소를 채워준다면, 0원 투자로 월 300만 원 이상의 수익을 올릴 수 있는 건물이 된다는 확신이 섰다. 그래서 고민 없이 매수를 결정했다. 그는 왜 고민 없이 매수할 수 있었을까? 우선 어떤 건물을 사야 돈을 벌 수 있는지, 가치 평가가 절하된 건물은 어떤 것인지에 대한 눈이 이미 트여 있었기 때문이다. 나의 컨설팅을 통해 건물을 보는 기준이 잡혀 있었고, 0원 투자 전략을 실행하기 위한 모든 과정이 철저히 준비된 상태였다.

보통 사람들은 매물이 나오면 그때서야 자신이 가진 현금을 체크하고, 그제야 대출 가능 금액을 계산하기 시작한다. 하지만 그런 식으로 접근하면 좋은 건물은 이미 다른 사람이 먼저 사가고 없다. 실제로 이 고객 또한 여러 차례 소액 건물을 컨택했지만, 준비 부족으로 인해 매물을 놓치는 상황이 반복되었다. 대출 준비와 0원 투자 방식에 대한 계획이 미흡했기 때문이다. 그러나 몇 번의 시행착오 끝에 그는 이제 철저하게 준비된 상태였고, 나 역시 A부터 Z까지 모든 과정을 서포트했다. 단순히 건물 투자 관련 VOD 영상을 제공하는 것이 아니라, 급매물 공유부터 본인의 상황에 맞는 대출 플랜 설정, 세무 계획 및 투자 방향 수립, 맞춤형 건물 서칭, 해당 공간에서 추가적인 콘텐츠 기획까지 전반적인 컨설팅을 진행했다. 부자가 되기 위해 반드시 거쳐야 하는 모든 과정이 포함된 셈이다. 그렇게 그는 성공적으로 건물을 매입했다.

이 건물은 추후 어떻게 팔아야 할까? 당연히 매각 전략까지 철저히 세우고 매수에 들어가야 한다. 해당 건물을 매입한 군인 출신의 프리랜서는 2026년 7월 동북선 개통을 기점으로 10억에 매도할 계획이다. 지하철 개통이라는 역세권 호재가 작용하면 자연스럽게 가격 상승이 이루어질 것이고, 10억에 매도한다고 가정해도 현재 수익률 기준으로 4.6%가 유지되며, 이는 은행 이자를 충분히 상회하는 수준이다.

여기에 금리까지 내려간다면? 건물을 매수하려는 사람들의 접근이 쉬워지고, 대출을 활용한 0원 투자가 가능해지면서 더욱 많은 매수자가 몰릴 것이다. 감정가와의 차이를 고려해도 충분히 합리적인 매각 전략이 성립된다. 현재 기준으로 8억대 시세를 형성하고 있는 이 건물을 6억대에 매입했고, 내년 동북선 개통이라는 확실한 호재가 겹친다면 감정가 역시 10억대를 바라볼 가능성이 충분하다.

여기에 공간 임대 사업까지 패키지로 양도할 경우, 안정적인 현금 흐름을 원하는 예비 건물주들에게 더욱 매력적인 매물이 될 것이다. 단순한 부동산 매각이 아니라, 수익 창출 모델까지 함께 제공하는 전략이므로, 서울에서 건물주가 되고 싶은 이들에게 쉽게 매각할 수 있을 거라는 결론이 나온다. 앞으로 이 고객의 횡보가 기대된다. 궁금해서라도 앞으로 함께 성장해 나갈 것이다.

02

신당동 호스텔 건물주가 되어 월 800만 원을 버는 평범한 주부

힙지로, 힙당동. 중구가 뜨고 있다. 1:1 오프라인 컨설팅을 오픈하고 가장 먼저 연락을 주신 주부가 있었다. 컨설팅 신청 사전 질문지를 보면 이분이 얼마나 적극적인지 알 수 있다. 열정이 불타오르는 분이었다. 흔쾌히 수락했다. 컨설팅은 여의도 켄싱턴 호텔에서 진행됐는데 예상치 못한 일이 벌어졌다. 남편분과 돌이 지난 아기가 함께 온 것이다. 남편을 설득하는 데 많은 시간이 걸렸다고 하셨다. 시간당 100만 원이라는 돈은 결코 저렴하지 않았고 배우자는 이해하지 못한 채 끌려온 상황이었다. 하지만 컨설팅이 끝나고 나서 "그동안 우리가 뭘 해왔는지, 앞으로 어떻게 플랜을 짜고 나아가야 할지 머리를 망치로 한 대 맞은 느낌"이라며 감사 인사를 전하셨다. 사실 나는 내 지식을 공유했을 뿐인데 이렇게 좋은 반응을 보여주시는 분들을 보면 오히려 내가 더 감사하다.

그리고 컨설팅 신청 때의 열정에 기대에 미치듯, 수많은 매물을 직접 임장 다니며 컨택하고 질문을 하셨다. 오직 현금흐름을 만들 수 있는, 호스텔로 용도 변경이 가능한 숙박업 물건. 하지만 시세 이하의 급매물. 그렇게 30개 정도의 물건 검토 요청을 주셨고 나는 매번 거절했다. 만약 내가 중개인이었다면 "좋아요, 좋은 매물이에요"라고 했겠지만, 나는 해당 물건을 고객이 매수한다고 해서 받을 이윤이 없다. 그렇기에 더욱 객관적으로 판단할 수 있었다. 그러던 어느 날, 신당에 어쩔 수 없는 매도자의 사정으로 나온 급매 단독주택이 나타났다. 힙당동에 위치한 물건으로, 연면적 19평 토지에 58평 건물이 있었고 평당 4,600만 원에 매수했다. 인근 시세가 8,000만 원 선이었으니 반값에 매수한 셈이었다.

상속 물건이라 시세보다 낮은 가격에 빠르게 정리해야 했던 건물이었다. 리모델링 후 용도 변경을 통해 호스텔로 바꾸면 건물 가치는 배가될 것이 확실했다. 해당 지역은 외국인 관광객이 많은 사대문 안에서도 핫한 신당동에 위치해 있어 숙박 수요가 충분했다. 현재 대수선이 진행 중이며, 대수선이 완료되면 100% 레버리지 기준 내 돈 0원으로도 수익에서 모든 이자를 제하고도 월 700만 원 이상의 수익이 발생할 예정이다. 누군가는 월 700만 원을 벌기 위해 좋은 학교를 졸업하고 대기업에 취직해 치열하게 경쟁한다. 이것이 나쁜 것은 아니다. 하지만 평범한 월급쟁이도 월급 외 소득을 만들어 투자자산과 사업소득을 병행하면 자신의 미래를 바꿀 수 있다. 평범하게 육아를 하던 주부도 했고, 이 책을 쓰고 있는 고졸 공돌이인 나도 했다. 그렇다면 이 책을 끝까지 읽고 있는 열정 넘치는 당신이 못할 일이 뭐 있겠는가?

리모델링 전	리모델링 후

출처: 네이버 지도

출처: 바이림 인테리어

03
0원으로 현금흐름을 만들고 대로변 역세권 건물주가 된 30대 여자

　매체를 통해 나를 접하고 컨설팅을 진행한 고객이 있었다. 젊은 주부였고, 일정한 월 현금흐름을 찾고 있던 와중에 "현금흐름부터 건물주까지 만들어준다"는 내 광고를 보고 정말 그런지 확인하고 싶어 찾아오신 분이었다. 지식산업센터나 아파트 같은 우리가 흔히 접할 수 있는 부동산은 이미 보유하고 있었지만, 원활한 현금흐름을 원했고 본격적인 건물 투자를 희망했다. 내가 하는 것처럼 리스크 있는 투자를 감수할 준비가 된 사람이었다. 공실인 건물을 매수해 컨텐츠를 넣거나 임대를 맞춰 단기적인 시세차익을 보는, 흔히 말하는 '공실 리스크'가 있는 건물 매수를 희망했다. 그래서 물어봤다. 현재 원활한 현금흐름이 있는지? 만약 공실 건물을 매수했을 때 세입자가 들어오지 않는다면 그 이자 비용은 어떻게 충당할 건지? 이에 대한 대책이 없는 상황이었다.

나는 닉네임은 '영끌남'이지만 절대로 무리한 투자를 권하지 않는다. 내가 하는 투자 방식은 최대한 레버리지를 활용하면서도 가장 보수적으로 접근하는 방식이다. 그래서 우선 건물 매수보다 현금흐름을 만드는 방안을 먼저 컨설팅해주었다. 공간 대여 사업을 제안했다. 흔히 말하는 파티룸이지만, 댄스 연습실, 강의장, 행사장 등 다양하게 활용할 수 있는 멀티 공간으로 사업을 운영하는 전략이었다. 결과는? 안산에 '하이브'라는 공간 대여 매장을 차리고 현재 월 600만 원의 순이익을 올리고 있다. 영화 촬영 대관 등으로 확장을 거듭하면서 매달 안정적인 수익을 창출하고 있으며, 1년 만에 투자한 비용을 모두 회수할 예정이었다. 이후로는 '0원 사업'으로 매달 600만 원이 벌리는 구조가 완성될 것이고, 1년 뒤에는 권리금 8,000만 원에서 1억 원을 받고 매각할 계획이었다. 매도 이유는? 다음 건물 매수를 통해 본인의 컨텐츠를 직접 운영하기 위함이었다.

이렇게 현금흐름을 만들어드린 후 다음 단계는 건물 매수였다. 건물 매수를 위한 사업자 셋팅, 법인의 지배구조 설계, 추후 매각 시 발생하는 세금 절감을 위한 컨설팅까지 전반적인 서포트를 진행했다. 그러던 와중, 부천역 광대로에 위치한 감정가 15억 원짜리 건물이 급매로 11억 5,000만 원에 나왔다. 이 고객에게 추천했다. 하지만 10억 아래로 매수하라고 조언했다. 금리 4.2% 기준, 10억 대출

시 이자 부담은 월 420만 원이지만, 이미 공간 대여 사업을 통해 월 400만 원 이상의 수익을 내고 있었으니 리스크가 없었다. 기존 건물주의 매도 사유는 공실 부담과 재정 문제였다. 네고하고 또 네고해서 결국 9억 5,000만 원에 매수했다.

이후 우리는 함께 입점 제안서를 만들고 대기업에 홍보하며, 로컬 부동산 1500군데에 매물을 뿌렸다. 유튜브 촬영을 통해 이 공간을 필요로 할 세입자를 찾았고, 현재는 보증금 1억 원에 월 460만 원에 세입자를 구하고 있다. 상권이 좋은 지역이고 노출이 잘되는 곳이라

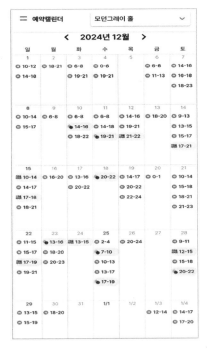

출처: 하이브 안산점 예약 캘린더

너도나도 들어오겠다고 문의가 많아 건물주가 '갑'의 입장에서 미팅을 진행하고 있다. 세입자가 확정되면 기존 건물주의 매도 이유였던 '공실 리스크'가 사라지기 때문에, 우리는 기존 시세인 15억 원에 매각할 수 있다. 좋은 임차인을 맞춘다면 더 높은 가격도 가능하다. 이 모든 과정을 진행하는 동안 내가 쓴 현금은 0원이다. 레버리지를 활용할 수 있는 방법이 있었고, 나는 이 전 과정을 서포트했다. 고객은 성장했고, 때가 되면 감사의 선물을 보내주셨다. 그리고 우리는 앞으로 더욱 성장할 것이다.

0원으로 건물주 돼서 이자 내고도
월 500만 원 가져가는 평범한 직장인

    일산 항아리 상권에 급매 건물이 나왔다. 평범한 직장인이지만 추가적인 수입 창출에 대한 의지는 없는, 어느 정도 연세가 있으신 분이었다. 30억 대 수익률이 잘 나오는 물건을 찾고 계셨고, 해당 물건을 바로 계약하셨다. 처음 수익률 7.3%라는 수치를 보고도 믿지 못하셨다. 하지만 이 물건에도 이유가 있었다. 예전부터 이어져 오던 공파 종회 물건이었고, 소유주가 한 명이 아닌 종회 명의였다. 총회에서 매각 결정을 내렸고, 빠르게 처분하기 위해 낮은 금액에 나온 물건이었다.

    이 컨설팅 고객은 최대한 레버리지를 활용하기 위해 미리 에쿼티를 대출로 만들어 둔 상태였다. 건물에서 월 1,500만 원이라는 임대

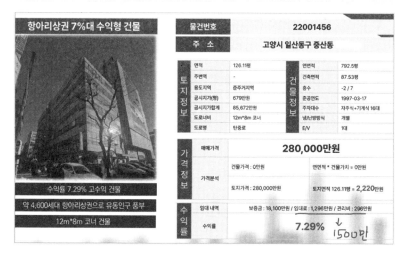

0원 투자, 매월 500만원 수익을 가져가는 건물 자료

물건번호			22001456		
주 소			고양시 일산동구 중산동		

토지정보	면적	126.11평	건물정보	연면적	792.5평
	주변역	-		건축면적	87.53평
	용도지역	준주거지역		층수	-2 / 7
	공시지가(평)	679만원		준공연도	1997-03-17
	공시지가합계	85,672만원		주차대수	자주식+기계식 16대
	도로너비	12m*8m 코너		냉/난방방식	개별
	도로명	탄중로		E/V	1대

가격정보	매매가격		280,000만원	
	가격분석	건물가격 : 0만원	연면적 * 건물가치 : 0만원	
		토지가격 : 280,000만원	토지면적 126.11평 = 2,220만원	

수익률	임대 내역	보증금 : 18,100만원 / 임대료 : 1,296만원 / 관리비 : 296만원
	수익률	7.29% ↓ 1500만

항아리상권 7%대 수익형 건물

수익률 7.29% 고수익 건물

약 4,600세대 항아리상권으로 유동인구 풍부

12m*8m 코너 건물

출처: 빌딩온 중개법인 자료집

수익이 발생하고, 28억 원이라는 건물 가격을 전액 대출로 받아도 4.2% 이자로 계산하면 대략 월 980만 원의 이자 비용이 나온다. 결국, 아무것도 하지 않아도 매달 500만 원이 수익으로 들어오는 구조가 만들어졌다. 누군가에게는 대기업 직장인 월급에 해당하는 금액이, 아무런 노동 없이도 들어오는 시스템이 구축된 것이다. 현재 이 사례는 실제로 진행 중이다.

이 물건의 감정가는 48억 원으로, 매수 시작부터 20억 원의 평가 이익을 들고 들어간 셈이다. 여기서 우리는 한 가지 더 생각해볼 수 있다. 20억 원이라는 담보 여력을 활용하면, 추가 투자에 사용할 수 있다는 점이다. 만약 해당 건물을 담보로 12억 원을 대출받는다면,

추가로 고수익률의 급매 물건을 한 개 더 매수할 수 있다. 12억 원의 자금을 빌려도, 이자 비용은 월 500만 원 수준이지만, 건물에서 추가로 500만 원 이상의 수익이 발생한다. 결과적으로 내 돈 없이 추가적인 12억 원의 자금을 운용할 수 있고, 향후 추가 담보를 통해 다음 투자 시 이율을 낮추는 발판으로 활용할 수도 있다.

건물 투자가 한 번이 어려운 이유는 첫 번째 투자의 방법을 몰라서다. 하지만 두 번째가 쉬운 이유는 첫 번째 투자에서 성공적인 결과를 만들면, 두 번째도 성공할 확률이 매우 높고, 첫 번째 자산을 활용하면 부의 레버리지는 단순한 더하기가 아니라 곱하기로 가속화되기 때문이다.

나는 2024년 8월부터 이런 컨설팅을 시작했고, 단 6개월 만에 47명의 건물주를 탄생시켰다. 나를 믿어주고, 내 도움으로 건물을 매수한 이들과 함께 매각을 고민하고, 2채, 3채 건물 투자를 위해 지속적인 컨설팅을 진행하고 있다. 아직 건물주가 되지 않은 커뮤니티의 멤버들과도 단순한 투자뿐만 아니라, 사업자라면 운영하는 사업장의 마케팅 개선과 업종 추가를 통한 현금흐름 개선, 세무·회계까지 모든 과정을 서포트하며 건물주로 성장할 수 있도록 돕고 있다.

직장인이라면 다양한 부업을 통한 현금흐름 창출 방법을 제공하여, 근로·사업·투자 소득이라는 세 가지 소득을 동시에 가져갈 수 있도록 컨설팅을 진행한다. 우리는 서로가 서로를 이끌어 주며 함께 성장할 것이고, 나는 이 점을 믿어 의심치 않는다. 이런 커뮤니티를 함께 이어나갈 사람들을 2달에 한 번씩 모집하고 있으니, 당신이 정말로 인생을 변화시키고 싶다면 신청하는 것도 좋은 선택이 될 것이다. 아래는 내가 운영하는 다양한 채널들을 볼 수 있는 링크 QR코드이다.

영끌남 채널
은행돈으로 잘먹고 잘사는 방법

CONCEPT

4장

빠르게
부자가 될 수 있는
필승 공식

절대 종잣돈을 마련하고
시작할 필요 없다

　강의를 하다 보면 가장 많이 들어오는 질문 중 하나가 "얼마 있어야 건물 투자를 할 수 있어요?"다. 이런 질문이 나올 때마다 나는 같은 대답을 한다. "얼마가 있어야 건물 투자를 할 수 있는지가 아니라, 지금 내가 가진 상황에서 어떻게 건물주가 될 수 있는지를 체크하고 실행해야 합니다." 그러면 다시 질문이 들어온다. "저는 지금 모아둔 현금이 없어요. 월급 외에는 따로 받는 소득도 없는데요?" 그럼 나는 다시 묻는다. "당신이 매달 400만 원을 버는 월급쟁이라면, 10억을 가진 옆집 철수와 같은 상황입니다."

이게 무슨 말일까? 10억을 은행에서 빌린다면 현재 금리 기준으로 4%의 이자가 발생하고, 이는 대략 월 333만 원의 이자를 납부해야 한다는 의미다. 즉, 내가 월 400만 원을 버는 사람이라면, 10억 원이라는 자산을 융통하고 굴리는 데 아무런 문제가 없는 사람이라는 것이다. 그렇다면 10억을 빌려서 무엇을 할 수 있을까? 이 개념을 이해하려면 우리가 얻는 소득을 세분화할 줄 알아야 한다. 나는 소득을 세 가지로 나눈다.

- **근로소득** - 내가 일을 해서 얻는 소득
- **사업소득** - 내가 시스템(사업 구상)을 통해 얻는 자동화 소득
- **투자소득** - 내가 일을 하지 않아도 자산이 일을 하는 구조의 소득

근로소득과 사업소득을 통해 투자소득으로 전환하는 것이 내가 생각하는 올바른 소득의 방향성이다. 먼저 근로를 통해 안정적인 월 수입을 창출한다. 이렇게 모인 근로소득을 활용해 자동화 시스템을 구축하고, 사업소득을 발생시킨다. 그런 다음, 내가 만든 사업소득을 세금 신고와 개인·법인 재무제표를 통해 나라, 은행 및 공공기관에

증명한다. 그들은 나의 안정적인 사업 현금 흐름을 보고 신뢰하며, 저금리로 돈을 빌려준다. 그 돈으로 투자를 한다.

예를 들어, 건물의 가격이 50억 원이라면, 일반적인 생각은 50억을 모으기 위해 열심히 노력하는 것이다. 하지만 이것은 잘못된 접근 방식이다. 50억을 모으기 위해 노력하는 것이 아니라, 안정적인 소득을 창출하는 나의 회사 또는 나의 신용을 담보로 저렴한 이자로 대출을 실행하는 것이 핵심이다.

법인이라면 건물 금액의 10%만, 개인이라면 임대료(DTI)가 충분히 나올 경우 30%만 있어도 건물을 매수하는 것이 가능하다. 하지만 이 10%, 30%의 금액조차도 은행에서 빌릴 수 있다. 10%의 나머지 90%, 30%의 나머지 70%는 저렴한 건물을 매수했다면, 그리고 당신이 은행에 신뢰를 주었다면, 충분히 새로 매수하는 건물을 담보로 대출이 가능하다. 이 구조를 활용하면 당신은 은행의 자금으로 투자 자산을 소유할 수 있다. 그리고 그 투자 자산에서 경제활동을 하는 임차인들에게 나의 대출 이자를 부담시키는 것이다. 시간이 지나고, 내가 투자한 자산의 가치를 높이면 어느새 당신은 보이지 않는 부자가 되어 있을 것이다.

한 번이 어렵다. 하지만 한 사이클만 경험하면 이후에는 내가 가진 투자 자산을 담보로 추가 투자가 가능해진다. 왜냐하면 내가 소유한 건물의 가치가 상승하기 때문이다. 예를 들어, 내가 50억 원에 매수한 건물이 70억 원이 되었다면, 나는 현금 20억 원을 자산으로 보유한 건물주가 되는 것이다. 은행은 이 20억 원을 담보로 설정하고, 더 저렴한 이자로 더 높은 금액의 대출을 제공할 것이다.

이런 투자 소득을 만들어 나가기 위해서는 무엇을 해야 할까? 첫 번째로, 나의 근로 소득을 창출하는 시간을 최대한 줄여야 한다. 나에게 알맞은 건물을 찾고, 적절한 투자처를 발굴하고, 대출 이자를 낮게 받기 위해 노력하는 일은 대기업 대표라 해도 직원이 대신해 줄 수 없으며, 사회가 아무리 발전해도 AI가 대신해 줄 수 없는 영역이다. 다시 말해, 이것이 바로 당신이 추구해야 할 근로 소득이다.

내가 목표하는 근로 소득의 최종 지향점은 남을 위해 일하고 급여를 받는 것이 아니라, 나의 투자 자산 포트폴리오를 키워나가기 위한 근로여야 한다. 이런 근로 소득을 찾기 위해 당신은 이 책을 펼쳤고, 나와 소통하고 있는 것이다. 잘 찾아왔다. 나는 무식하게 현장에서 부딪혀 배우며 경험을 쌓았지만, 당신은 내가 10년 동안 시행착오를 거치며 깨달은 것들을 단 한 달 만에 배울 수 있다.

내가 펜션을 운영하지만 직접 청소를 하지 않는 이유도 같은 관점에서다. 나에게 있어 근로 소득이란 무엇일까? 내가 직접 청소를 해서 얻는 근로 소득이 아니라, 청소 직원을 월 200만 원을 주고 고용한 후, 내가 매입한 펜션의 가치를 높여 비싸게 매각할 방법을 연구하는 것이다. 다음 펜션을 보다 저렴하게 매수할 방법을 고민하고,

새로운 건물의 대출 이자를 낮추는 전략을 세우는 것이 바로 나의 근로 소득이다.

그렇다면 사업 소득이란 무엇인가? 펜션의 매출을 높이기 위해 예약률을 올릴 마케팅 직원을 적절히 고용하고, 청소 이모님들이 그만두지 않게끔 관리하며, 펜션이 항상 청결한 상태를 유지할 수 있도록 하는 것. 즉, 직접적인 개입 없이도 자동으로 운영될 수 있는 시스템을 구축하는 것이 나의 사업 소득이다. 사업 소득은 내가 근로하면서 최대한 신경 쓰지 않아도 시스템이 돌아갈 수 있도록 만드는 것이 핵심이다.

그렇다면 투자 소득은 무엇인가? 이렇게 만들어진 근로 소득과 사업 소득이 빛을 발하는 최종 지향점이다. 근로 소득과 사업 소득이 없어도 투자 소득만으로 나의 모든 생활이 가능해지고, 내가 보유한 투자 자산의 가치 상승 속도가 내가 소비하는 금액보다 더 커진다면, 이것이 바로 우리가 흔히 말하는 경제적 자유다.

이 경제적 자유를 이루기 위해 당신과 나는 지금 이 책을 보고 있으며, 실제로 내가 실천하는 투자 방식은 그 목표에 최단기간 안에 도달할 수 있는 방향과 실전 투자법을 알려주고 있다고 자신 있게 말할 수 있다. 앞서 보여준 평범한 직장인이었던 나의 수강생들의 사례만 봐도, 우리가 왜 투자 소득을 반드시 가져가야 하는지 알 수 있다.

절대로 종잣돈을 마련하고 시작할 필요가 없다. 지금 당장 다양한 방법으로 현금 흐름을 만들고, 내가 벌고 있는 소득을 레버리지할 수 있는 방법을 강구해야 한다. 근로 소득, 사업 소득, 투자 소득을 함께 가져가야 한다.

02

건물은 묵혀둬야 한다?
말도 안 되는 소리!

가치투자란 이런 것. 7년 투자 포트폴리오

‹‖약주문내역	거래내역	**매매손익**	예약처리결과

| 2018/01/01 🗓 | – | 2025/01/01 🗓 | ⊘ 상세검색 |

| **당일** | 1주 | 1개월 | | Q |

· 실현손익		820,794,223	13.06%
· 매도금액	7,121,737,592	· 매수금액	6,282,846,630
· 수수료/제세금	18,096,427	· 정산금액	7,103,641,165

출처: KB증권 주식계좌

사람들과 투자에 대해 이야기를 나누다 보면 같은 질문을 던져도 사람마다 답변이 다르다. "현재 어떤 투자 포트폴리오를 운영하고 계세요?"라고 물으면, 대부분 자신이 보유한 주식과 아파트, 건물에 대해 유창하게 설명한다. 하지만 내가 한 가지 질문을 더 던지면 많은 사람들이 말을 잇지 못한다.

"그래서 주식을 사고팔아서 지난 1년 동안 얼마를 벌었나요?"

"그래서 아파트를 사고 매도해서 얼마를 벌었나요?"

"건물을 투자해서 실제 매각 차익으로 얼마를 남겨봤나요?"

왜 쉽게 대답하지 못할까?

주식의 경우, 대부분 수익을 내는 것만이 아니라 손실도 반복한다. 만약 본인이 정말로 뛰어난 투자 실력을 가지고 있다면, 단순히 한 번의 수익을 자랑하는 것이 아니라, 투자 시작부터 현재까지의 주식 계좌를 공개하면 된다. 하지만 대부분은 그렇게 하지 못한다. 손실이 더 크기 때문이다.

아파트의 경우, 실거주하는 경우가 많아 상급지로 이동하는 것이 쉽지 않다. 정말 투자 의지가 강한 사람이 아니라면, 여러 번 사고파는 경험이 없기 때문에 시세보다 비싸게 매수하는 경우가 많다. 건물 투자도 마찬가지다. 많은 사람들이 주변 실거래가를 따지지 않고, 건물의 노후도를 확인하지 않으며, 추후 매각 전략이나 세입자 구성을 고려하지 않고 감정적으로 건물을 매수한다. 심지어 은행 감정가조차 확인하지 않은 채, 그냥 '내가 좋아 보이는 건물'을 주관적으로 선택하는 경우가 많다.

그리고 이렇게 말한다.

"건물 투자는 장기적으로 묻어둬야 한다."

"부동산 투자는 시간이 지나면 자연스럽게 오른다."

이 말은 주식에 물려 있으면서 "나는 가치 투자 중이야"라고 정신 승리하는 것과 다를 게 없다고 생각한다. 주식을 잘못 사서 손실을 봤거나, 아파트를 남들보다 비싸게 샀거나, 건물을 시세보다 높게 매수했다면 손절하기가 쉽지 않다. 특히 부동산은 주식과 달리 변동성이 낮고 안정적이기 때문에, 손해를 감수하고 매도하는 경우가 적다. 하지만 결국 중요한 것은, 위기가 와도 손해를 보지 않을 수 있는 투자 전략이다.

그 전략의 핵심은 단 하나. "싸게 사는 것"이다.

남들보다 싸게 주식을 산다면? 남들보다 싸게 아파트를 산다면? 남들보다 싸게 건물을 산다면?

매도 타이밍에서 내가 시세에만 맞춰 매각할 의사가 있다면, 언제든 시장에서 팔고 빠져나올 수 있다. 내가 강조하는 투자 방식은 "불완전한 건물을 싸게 매수하고, 그 불완전한 요소를 내가 해결하는 것"이다. 그렇다면 불완전한 요소란 무엇일까?

- 건물주가 상속세를 납부해야 하는 상황이라 급매로 내놓은 경우
- 경제적 어려움으로 인해 무리한 대출을 받아 상환 부담이 커진 경우
- 공실이 많지만, 공실을 해결할 능력이 부족해서 팔아야 하는 경우

- 건물이 노후되었지만, 건물주의 나이도 많아 관리가 힘든 경우

이런 어쩔 수 없는 이유로 매도하는 건물들을 우리는 충분히 해결할 수 있다. 공실 문제를 해결하고, 노후된 건물을 리모델링하여 가치를 높이면, 건물의 가격은 자연스럽게 상승한다. 그리고 우리는 차익을 남기고 매각한다.

이렇게 한 번 매매 차익을 남기면, 더 큰 자금을 보유할 수 있고, 더 큰 건물을 더 높은 대출을 활용해 매수할 수 있다. 물론 같은 방식으로, 해결 가능한 리스크를 가진 건물을 골라야 한다.

처음에는 어렵지만, 한 번 경험하면 두 번째는 훨씬 쉬워진다. 두 번, 세 번 반복하면 투자 스킬이 쌓이고, 변수가 생기더라도 효과적으로 대응할 수 있는 능력이 길러진다.

나는 확신한다. 이런 투자 방식을 한 번 경험해 본 사람과, 한 번도 경험해 보지 않고 그저 남의 이야기라고 치부하는 사람의 3년, 5년 뒤 자산 격차는 극명하게 달라질 것이다.

03

이런 건물은
반드시 사야 한다

    건물을 매수하기 전에 어떤 땅을 선택해야 하는지 이해하는 것이 중요하다. 이는 투자에 있어 기본적인 개념이다. 가장 기본적으로 건폐율과 용적률에 대한 이해가 필요하다. 건폐율은 내가 소유한 땅에 건물이 얼마나 넓게 지어질 수 있는지를 나타내며, 용적률은 내가 소유한 땅에 건물을 얼마나 높게 지을 수 있는지를 의미한다. 예를 들어, 100평짜리 땅이 있고 건폐율이 50%라면 층수와 관계없이 50평만큼 건물을 지을 수 있다. 여기에 용적률이 100%라면 층당 50평씩 2층까지 건축하여 전체 100평을 지을 수 있다.

    이 건폐율과 용적률에 따라 땅의 가치가 달라지며, 이를 용도지역이라고 부른다. 그렇다면 어떤 땅이 좋은 땅일까? 같은 면적의 토지

용도지역			건폐율	용적률
도시지역	주거지역	제1종전용주거지역	50%	50% ~ 100%
		제2종전용주거지역	50%	100% ~ 150%
		제1종일반주거지역	60%	100% ~ 200%
		제2종일반주거지역	60%	150% ~ 250%
		제3종일반주거지역	50%	200% ~ 300%
		준주거지역	70%	200% ~ 500%
	상업지역	중심상업지역	90%	400% ~ 1500%
		일반상업지역	80%	300% ~ 1300%
		유통상업지역	80%	200% ~ 1100%
		근린상업지역	70%	200% ~ 900%
	공업지역	전용공업지역	70%	150% ~ 300%
		일반공업지역	70%	200% ~ 350%
		준공업지역	70%	200% ~ 400%
	녹지지역	보전녹지지역	20%	50% ~ 80%
		생산녹지지역	20%	50% ~ 100%
		자연녹지지역	20%	50% ~ 100%
관리지역		보전관리지역	20%	50% ~ 80%
		생산관리지역	20%	50% ~ 80%
		계획관리지역	40%	50% ~ 100%
농림지역			20%	50% ~ 80%
자연환경보전지역			20%	50% ~ 80%

라면, 넓게 지을 수 있고 많이 지을 수 있는 땅이 좋은 땅이다. 이런 땅일수록 같은 평수라도 가격이 더 비싸다. 우리가 흔히 아는 강남역 대로변, 서울 명동, 지방의 핵심 상권처럼 사람들이 몰리는 지역에 높은 건물이 있고, 주변 대비 땅값이 비싼 이유가 바로 여기에 있다. 이런 가장 비싼 땅을 일반상업지역이라고 부른다.

우리가 부동산 투자에서 모든 용도지역을 볼 필요는 없다. 높은 가치를 지닌, 높게 지을 수 있고 많이 지을 수 있는 땅만 집중적으로 보면 된다. 즉, 일반상업지역, 다양한 업종이 들어올 수 있는 준공업지역, 주거지역이지만 가장 많은 건폐율과 용적률을 가진 준주거지역, 그다음 3종 일반주거지역과 2종 일반주거지역 정도만 보면 된다. 이 외의 지역은 시세차익을 위한 건물 매수와 크게 연관이 없는, 건폐율과 용적률이 낮거나 도시에서 찾아보기 어려운 토지들이다.

일반상업지역에 투자해야 하는 이유는 명확하다.

첫째, 역세권과 인접하여 가격이 하락하지 않는다. 일반상업지역은 대개 역과 가까운 곳에 위치한다. 강남역 대로변을 떠올리면 이해하기 쉽다. 하지만 일반상업지역이 항상 활성화된 곳만 있는 것은 아니다. 한때 상권이 형성되었다가 지금은 쇠퇴한 지역도 있다. 그렇다면 이런 곳의 땅값은 오르지 않을까? 오히려 상승 여력이 충분하다. 건물을 높게 지을 수 있기 때문에 근린생활시설뿐만 아니라 오피스텔 같은 주거시설을 넣을 수 있기 때문이다.

둘째, 소규모 아파트·오피스텔 건축이 가능하여 수요가 증가한다. 일반상업지역은 보통 역과 가깝다. 서울권으로 출퇴근하는 사람들에게는 출퇴근이 편리한 지역의 월세가 저렴한 소규모 원룸·오피스텔이 매력적이다. 이런 지역에서는 임대 수요가 꾸준히 유지된다. 또한, 지방에도 사람이 산다. 지방이라고 투자 가치가 없는 것이 아니다. 오히려 이런 지역들은 건축·시행업자들이 소규모 아파트나 오피스텔을 분양해 사업성을 확보할 수 있는 곳이기 때문에 토지를 비싸게 매입한다. 이렇게 되면, 건축업자와 시행업자들이 비싼 가격에 토지를 매입하면서 주변의 실거래가가 높아지고, 주변 건물주들도 이에 맞춰 시세를 올린다. 결과적으로 내가 투자한 일반상업지역의 토지 가격도 상승하게 된다.

셋째, 하방경직성이 탄탄하다. 서울 핵심지역은 많은 유동인구가 보장되어 있어 가격 하락 가능성이 적고, 경기 외곽지역은 다양한 건축·시행을 통해 주변 지가 상승 여력이 충분하다. 즉, 일반상업지역은 투자 관점에서 하방경직성이 탄탄한 지역이다.

이처럼 일반상업지역은 건축·시행업자들이 지속적으로 관심을 가지는 지역이기 때문에 토지 가격이 안정적이며, 투자 가치가 충분하다.

공업지역 중에서도 준공업지역에 대해 이야기해보자. 우리가 흔히 아는 성수동의 핫플레이스나 문래동의 힙한 카페들이 모두 준공업지역에 속한다. 각 토지의 용도에 따라 허용되지 않는 업종이 있다. 예를 들어, 사람들이 거주하는 빌라 지역에 유흥주점이나 술집이 들어서는 경우는 거의 없다. 마찬가지로, 상업지역에 시멘트 공장이 들어가 있는 것도 본 적이 없을 것이다. 이처럼 각 용도지역에는 해당 목적에 맞는 업종만 들어올 수 있는데, 준공업지역은 이 제한이 비교적 포괄적이다. 쉽게 말해, 모든 업종을 품어주는 땅이라고 보면 된다.

공업지역이 말 그대로 '공장만 들어와야 해!'라는 개념이라면, 준공업지역은 '공장이 있지만, 다양한 산업체도 함께 들어올 수 있어!'라는 개념이다. 즉, 지식산업센터나 아파트형 공장이 들어올 수도 있고, 카페나 음식점이 생길 수도 있으며, 심지어 주거시설까지 허용된다. 다양한 업종이 들어올 수 있기 때문에 자연스럽게 '힙한' 느낌이 형성되는 지역이다. 성수동을 보면 이러한 특징이 두드러진다. 이런 다양한 업종이 준공업지역에 모이는 주된 이유 중 하나는 상대적으로 높은 용적률 때문이다. 준공업지역의 경우 보통 건폐율이 70%, 용적률이 400% 정도(지역에 따라 다소 차이가 있음)로 적용되기 때문에 같은 면적의 땅이라도 더 높고 넓게 지을 수 있다. 또한, 업종 제한이 없어 다양한 시설이 들어올 수 있는 것이다.

부동산은 주식보다 환금성이 떨어지기 때문에 무조건 시세보다 싸게 사야 한다. 여기에 한 가지 원칙을 더 추가하자면, 누구에게나 팔 수 있는 땅을 사야 한다. 즉, 다양한 수요층이 관심을 가질 만한 토지를 매수해야 하는데, 이러한 기준에 가장 부합하는 지역이 바로 준공업지역이다. 준공업지역은 업종의 제한이 없기 때문에 성수동처럼 옛날 공장 건물도 있고, 이를 리모델링하여 새로운 트렌드를 반영한 팝업스토어 등이 운영되기도 한다. 또, 건물을 높고 많이 지을 수 있기 때문에 고급 아파트도 들어서고, 기존 공장 주인들을 위한 지식산업센터나 사무실도 함께 조성된다. 다양한 수요가 존재하는 지역에 투자해야 하는 이유가 바로 여기에 있다.

다음으로, 주거지역 중에서도 준주거지역과 3종·2종 일반주거지역에 대해 살펴보자. 가장 좋은 땅은 당연히 많은 용적률과 건폐율을 갖춘 준주거지역이다. 하지만 '좋은 땅이니까 무조건 비싸게 사야 한다'는 개념은 아니다. 같은 가격이라면 더 높고 넓게 지을 수 있는 땅을 사는 것이 유리하지만, 그렇다고 해서 무조건 돈을 더 주고 상위 용도지역을 사야 한다는 의미는 아니다. 다만, 나는 1종 전용주거지역, 2종 전용주거지역, 1종 일반주거지역은 피하는 것이 좋다고 생각한다.

이유는 간단하다. 우리는 평생 보유할 건물을 사는 것이 아니라, 다양한 수요층에게 어필할 수 있고 쉽게 매각할 수 있는 건물을 사야 한다. 하지만 같은 면적의 토지라도 새로 건물을 지었을 때 넓고 높게 지을 수 없는 토지는 소위 '디벨로퍼(부동산 개발업자)'나 시행사, 건설사들에게 큰 매력을 주지 못한다. 이런 기업들은 가장 비싼 가격을 지불할 수 있는 매수자들인데, 그들에게 팔 수 없다면 이는 상당한 단점이 된다. 선택지가 많은데 굳이 용적률이 200% 미만인 건물을 매수할 필요는 없다. 그렇기 때문에 주거지역에서 투자할 때는 준주거지역, 3종 일반주거지역, 2종 일반주거지역만 고려하는 것이 바람직하다.

어떤 건물을 사야 할까? 7가지 요소만 체크하면 당신도 성공적인 건물주가 될 수 있다.

133

- 건물값이 없는 오래된 건물

- 하지만 건물의 가치가 있는 건물

- 토지의 가치가 있는 것

- 모두에게 판매 가능한 기초 토지

- 누구에게 매각할지 정해둔 매수 계획

- 토지의 지목 체크

- 대로변 도로와 접한 토지

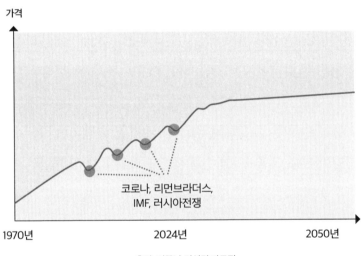

과연 앞으로 땅값이 과거와 같이 오를까?

가격

코로나, 리먼브라더스,
IMF, 러시아전쟁

1970년   2024년   2050년

출처: 영끌남 컨설팅 자료집

우리는 흔히 건물주라는 표현을 쓴다. 하지만 내가 하는 투자 방식
은 건물 투자가 아닌, 사실 토지에 투자하는 방식이다. 기존의 건물

투자 방식을 깨야 한다. 부동산은 항상 올랐다. 1970년에 만약 우리가 땅을 샀다면, 그 땅은 어떻게 되었을까? 당연히 몇십, 아니 몇백 배, 몇천 배 상승했을 것이다. 물론 IMF, 리먼브라더스 파산, 경제 대공황, 코로나, 우크라이나와 러시아 전쟁과 같은 특수한 사례가 있었던 시기에는 부동산의 변동이 있었을 것이다. 하지만 결국 부동산은 올랐다. 그래서 앞으로도 계속 부동산은 우상향할 것인가? 나는 당당하게 "아니"라고 말할 수 있다. 왜 나는 이렇게 확신하는 것일까?

현재 우리나라는 이미 선진국이다. 과거 40년간의 부동산 투자를 통해 땅값이 올랐던 이유는 급격한 경제 성장과 물가 상승이 맞물렸기 때문이다. 그러나 내가 생각하는 우리나라의 미래는 일본과 비슷할 것이다. 앞으로는 지금과 같은 경제 성장이 이루어지지 않을 것이라 생각한다. 물론 선진국이지만, 미국을 앞지르는 선진국이 될 수는 없다고 본다. 그렇다면 앞서 말했던 임금 상승률과 함께 부동산 가격이 엄청난 상승을 기대하기 힘들다고 나는 생각한다. 즉, 부동산, 건물, 아니 땅가격이 예전처럼 오르지 않을 거라는 게 내 결론이다. 우리는 건물 투자를 할 때 이 개념을 최우선으로 염두에 두고 투자해야 한다. 즉, 땅값은 오르지 않는다.

그럼 건물 투자를 하면서 왜 땅값이 오르지 않는다고 말하는 걸까? 더 이상 건물 투자를 장기적으로 바라보고 지가 상승을 기대하는 투사는 고려하시 말아야 한다는 것이다. 그런데 여기서 짚고 넘어가야 할 사항이 있다. 건물 투자는 건물 가격과 땅 가격을 나누어서 접근해야 한다는 점이다. 1970년대, 1980년대에 건물을 매수한 초대 건물주의 건물 가치는 어떻게 변했을까? 예를 들어, 토지를 5억에 구매하고 5억을 들여 신축을 했다면, 총 투자금액은 10억이었을 것이다. 하지만 시간이 지난 지금, 40년이 지난 시점에서 토지의 가격은 5억에서 적게는 50억, 많게는 수백억이 되었을 것이다. 토지가격이 오른 것은 모두가 인정한다. 하지만, 40년이 지난 시점에서 건물의 가격은 얼마가 되었을까? 5억을 주고 지은 건물은 현재 자산 가치로 0원이 되었을 것이다. 시간이 지나면서 토지의 가치는 올라가지만, 건축물은 노후되어 가치가 사라진다.

　여기서 우리는 결론을 도출할 수 있다. 이분은 부동산 가격이 올라가는 상승기 시기에 있었기 때문에 돈을 벌었다. 즉, 토지의 가격이 드라마틱하게 상승한 덕분에. 그러나 우리가 지금과 같은 시기에 과연 땅을 사서 건물을 짓는다면? 앞서 말한 대로 토지 가격은 올라가지 않는 상황에서, 건축물은 감가가 된다면? 오히려 건물주가 되어 손해를 볼 수 있다. 그래서 나는 지금과 같은 시기에는 건물 투자는 무조건 토지의 가치에 투자해야 한다고 말한다.

　만약 신축 건물을 매수한다면, 그 신축 건물이 건축물로서의 가치를 유지할 때 팔아야 한다. 굳이 이런 리스크를 질 필요가 있을까? 결국, 건물값이 없는 오래된 건물을 사야 한다는 결론이 나온다. 건물 가격이 없는, 20년 이상 노후된 건물이라도, 땅 가격만 주고 매수하는 방식이 가장 좋은 방법이다. 하지만 그렇다고 해서 아예 못 쓰는 건물을 사면 안 된다. 건물의 가치가 있는 건물이어야 한다. 오래되었어도 내가 조금만 화장해 준다면 충분히 그 공간에서 내가 사업을 할 수 있거나, 임대를 맞춰서 세입자가 월세를 낼 수 있는 컨디션으로 만들어야 한다. 즉, 우리가 사는 건물은 건물값보다 토지가격이 높은, 토지를 사는 것이어야 한다.

결국 가치를 지불하고 사야하며, 사정이 있는 땅을 싸게 매수해야 한다. 이 땅은 모두에게 판매 가능한 땅이어야 한다. 호불호가 없는, 모두가 좋아하는 그런 토지여야 한다. 그 "모두"란 누구일까?

첫 번째로, 토지에 새로운 건물을 신축하거나 디벨롭을 통해 가장 큰 차익을 남길 수 있는 시행사나 건설업체에게 팔 수 있는 건물이 되어야 한다. 만약 내가 매수한 건물이 신축건물이라면, 예를 들어 10억을 지불하고 5억을 추가로 들여 건물을 신축했다고 가정해보자. 이 경우 시행사에서는 그 5억 건축비를 인정해줄까? 사실, 대부분의 시행사들은 그 5억을 인정하지 않고, 철거비만 더 나온다고 판단할 것이다. 그럼에도 불구하고, 시행사는 토지를 매수하고 건물을 새로 짓기 위한 계획을 세울 때, 그 건물 자체에 대해서는 큰 가치를 부여하지 않는다. 만약 내가 건물과 토지를 모두 포함해 10억으로 매수한 상태라면, 시행사는 그 건물에 대해서는 별로 관심을 가지지 않을 가능성이 크다. 결국 내 건물을 팔시 못할 것이며, 처음부터 시행사는 나에게 토지 매수 의향서를 제출조차 하지 않을 것이다.

반면, 내가 10억으로 토지를 매수하고, 오래된 건물의 가치는 0원으로 평가하며 그 건물을 매수했다면, 이야기가 달라진다. 이제 나는 내 건물이 오래되어 가치가 없으니 철거하고 새로 짓는 게 좋다고 판단한 시행사에게 그 토지를 팔 수 있다. 이때 시행사는 내 건물에 대해 건축비용을 인정해줄 수 없지만, 토지의 가치는 인정해줄 것이다. 시행사는 10억의 토지에 대해 20억의 가치를 제안할 수 있다. 내가 건물 가격을 지불하지 않았으므로, 그들은 20억으로 토지의 가치를 평가하게 된다. 이렇게 되면, 나는 그 매수자에게 높은 가격을 받아서 팔 수 있으며, 시세 차익을 얻을 수 있다.

가장 큰 돈을 벌 수 있는 방법은 바로 이 개발 부지로서의 땅을 매수하여 차익을 보는 것이다. 우리가 흔히 말하는 재개발 빌라 투자나 지역주택조합 가입을 통한 아파트 개발 예정지 투자도 비슷한 개념이다. 하지만 이러한 투자들은 대출이 쉽지 않거나, 대출을 한다 하더라도 그 대출 이자를 커버할 수 없을 가능성이 크다. 그럼 건물 투자에서는 어떻게 되는가? 만약 내가 건물의 가격을 0원으로 보고, 저평가된 토지를 사서 세입자에게 임대료를 받아 대출 이자를 커버한다면, 추가적인 차익을 얻을 수 있고, 더 높은 수익을 올릴 수 있다. 이는 단순히 시세 차익을 기대하는 것보다 훨씬 더 안정적이고 실현 가능한 수익 모델이다.

두 번째로, 내 건물에서 월세를 살고 있는 임차인에게 팔 수 있다.

내가 건물을 샀을 때, 시세보다 싸게 매수한 건물에 치킨집을 임차인으로 맞췄다. 이 치킨집 사장님이 내 건물에 들어온 이유는, 옆에 있는 신축 상가보다 월세가 저렴했기 때문이었다. 같은 월세를 지불하면서 더 넓은 평수를 사용할 수 있었기 때문이다. 치킨집에 오는 사람들은 건물이 노후건물인지 신축건물인지를 신경 쓰지 않는다. 중요한 것은 매장이 커지면 매출이 늘어난다는 점이다. 더 많은 테이블을 배치할 수 있기 때문이다. 결국 치킨집 사장님은 매달 내 건물에서 많은 수익을 올리게 되었다.

내 건물은 3층 건물로, 1층은 치킨집, 2층과 3층은 사무실과 네일아트 샵으로 모두 세입자가 채워져 있었다. 자영업자들은 종종 꿈꾼다. "내 건물에서 내가 장사하는 것"을 말이다. 그래서 나는 그 치킨집 사장님에게 제안했다. "사장님, 지금 내고 계시는 월세에서 조금만 더 납부하시면, 건물주가 되실 수 있습니다. 하지만 그 금액은 다른 층의 세입자들이 내주고 있습니다. 내 건물을 사세요, 제가 은행 대출부터 모든 과정을 서포트해 드릴게요."

기존에 내가 10억에 샀던 이 건물은 공실로 수익률이 나오지 않던 상태였지만, 몇 가지 손을 봐서 월세 600만원을 받고 있었다. 치킨집 사장님은 300만원을 내고 있었고, 나는 이 건물을 15억에 그에게 판매하게 되었다. 이를 통해 5억의 차익을 봤다. 하지만 치킨집 사장님 입장에서도 손해는 아니었다. 15억에 대출을 받으면 은행 이자는 4% 기준으로 월 600만원 정도가 나오는데, 그는 내 건물에서 300

만원의 월세를 내고, 2층과 3층에서 나오는 300만원의 월세로 이 이자를 충분히 커버할 수 있었다. 소상공인 시설자금으로 4% 이하의 저금리 대출을 통해 그는 나에게 건물을 사갔고, 결국 건물주가 되었다.

그리고 그가 어떻게 되었을까? 10억에 샀던 건물은 내가 싸게 매수한 것이었고, 그가 15억에 매수했지만, 그가 치킨집을 운영하며 2년 동안 그 건물의 주변 토지 가격은 상승했다. 그 결과, 주변 시세는 18억이 되었고, 그는 권리금을 일부 깎아주고, 월세를 기존 300만원에서 500만원으로 인상하면서 본인의 치킨집을 양도하게 되었다. 그렇게 18억에 매도할 수 있었다. 그는 어떻게 18억에 팔았을까? 그 이유는, 다음 사람이 시세에 맞는 금액을 건물에 지불했으며, 그 금액에 타당한 월세가 건물에서 나오고 있었기 때문이다.

이처럼, 우리는 내 세입자에게 팔 수 있는 건물을 사야 한다는 점을 명확히 이해해야 한다.

세 번째로, 안정적인 임대수익을 원하는 동네 할머니 할아버지에게 팔 수 있는 건물을 사는 전략에 대해 이야기해보겠다. 내가 건물값을 지불하지 않고 건물을 매수한다. 그리고 토지가격 또한 시세보다 낮은 가격에 매수한다. 이렇게 매수한 건물에 주변 시세에 맞게 세입자를 구하면, 내 매수 대비 수익률은 높아진다. 이렇게 맞춰진 높은 수익률은 건물의 가격을 올릴 수 있는 여지를 만들어준다. 거기에 안정적인 세입자가 들어가 있다면, 해당 지역에서 퇴직을 생각하고 있는 노후를 준비하는 동네 어르신들에게 매각할 수 있는 기회가 된다.

나는 대출을 80% 또는 90%까지 받는 레버리지 투자자이지만, 모든 건물주들이 이렇게 위험한 투자를 하는 것은 아니다. 시세차익을 목적으로 하기보다는 안정적인 월세 수익이 나는 건물을 찾는 사람들이 많다. 예를 들어, 6~8억 정도를 투자하고 나머지 40~50%는 대출을 받아 건물을 매수하는 방식이다. 삶의 경험이 많은 경제 발전 시기를 오래 겪으신 분들은 토지 가치 상승을 직접 경험한 세대이기 때문에, 같은 가격이라면 신축보다 더 넓은 땅에 있는 건물을 선호하는 경우가 많다. 그런 사람들에게 우리는 건물을 매각함으로써 수익을 얻을 수 있다.

마지막으로, 내가 매수하려는 토지의 용도를 체크해야 한다. 준공업 지역인지, 일반상업지역인지 등의 용도와 함께 도로와 접해 있는지 여부를 확인해야 한다. 내 건물 앞에 도로가 있다고 해서 그대로 믿으면 안 된다. 그 도로의 소유자가 나라가 아닌 개인일 수도 있기 때문이다. 만약 개인이라면 내가 추구하는 '모두에게 판매 가능한' 가능성이 낮아진다. 예를 들어, 도로를 막고 접근을 제한하는 경우가 발생할 수 있기 때문이다. 법적으로 도로를 막는 것은 처벌을 받을 수 있지만, 공사차량이 들어오려고 할 때, 개인이 자신의 차로 막아두고 잠수를 타는 상황도 있을 수 있다. 이런 리스크가 없다고 하더라도, 나는 이런 사도로 접해 있는 건물을 구매하는 것을 피해야 한다.

결국, 좋은 건물을 싸게 살 수 있는 기회는 많지만, 진입에 단점이 있는 건물은 살 이유가 없다. 다양한 사람들에게 팔 수 있는 건물을 사고, 사는 순간부터 누구에게 얼마에 팔지, 그리고 어떤 경우에서 팔 것인지를 미리 정해두어야 한다. 매도의 대상이 명확해야 하고, 매도하고자 하는 가격을 정확히 파악해 두어야 한다. 즉, 다음 사람도 만족할 수 있도록 세팅해 놓은 건물을 사야 한다는 것이다.

04

이런 건물은
반드시 피해야 한다

어떤 건물을 사야 하는지는 이해했다. 그럼 어떤 건물을 피해야 할까? 이 세 가지 요소만 체크한다면 당신은 성공적인 건물주가 될 수 있다.

- 받아줄 사람을 파악하고 매수하자
- 환금성을 고려하여 매수하자
- 각 지역의 적정 금액대 건물 수요를 파악하자

첫째, 받아줄 사람을 파악하고 매수해야 한다. 예를 들어 강원도의 감자밭이 급매로 나왔다고 해보자. 원래 시세가 20억인 감자밭이 10

억에 나온다면, 많은 사람들이 이 기회를 잡고 싶어 할 것이다. 하지만 나는 사지 않는다. 그 이유는 이 땅을 샀을 때 팔 수 있을지에 대해 고민해야 하기 때문이다. 감자밭을 샀다고 해도, 유동인구가 적고 세입자를 맞추기 어려운 지역이라면 건축을 해도 쉽게 가치를 올리기 어렵다. 결국 이 땅을 팔 수 있는 사람은 농부뿐일 텐데, 농부가 10억짜리 감자밭을 살 만한 자금을 갖고 있을 가능성도 적다. 그러므로 매수 전에 누가 이 땅을 사줄지, 즉 받아줄 사람이 누구인지 생각하는 게 중요하다.

둘째, 환금성을 고려해야 한다. 예를 들어 인천 용현동에 6억 원짜리 상업용 토지가 있다고 하자. 여기서 1,000%의 용적률을 모두 사용해 600평을 지을 수 있다고 가정했을 때, 건축비용은 72억 원이 든다. 만약 내가 이 땅을 샀다고 해도, 72억 원의 건축비를 들여서 과연 누가 이 건물을 사줄까? 즉, 땅값은 6억 원으로 저렴하지만, 건축비가 너무 많이 들어가면 그만큼 환금성이 떨어진다. 이런 경우에는 신축을 고려하는 것보다, 오히려 10년 된 건물을 싸게 사는 게 훨씬 더 좋은 투자 방법이 될 수 있다. 10년 전에는 건축비가 지금처럼 비싸지 않았으므로, 더 나은 가치를 얻을 수 있기 때문이다.

셋째, 각 지역의 적정 금액대 건물 수요를 파악해야 한다. 특정 지역의 건물 수요는 가격에 따라 달라지므로, 가격이 너무 높은 지역에서 신축을 하거나 무리하게 투자를 하면, 수요가 맞지 않거나 환금성에 문제가 생길 수 있다. 반대로 수요가 많은 지역에서 적정한 가격대의 건물을 사면 안정적인 수익을 얻을 수 있다. 따라서 매수 전에 그 지역의 건물 수요와 적정 금액대를 잘 파악하는 것이 중요하다.

이 세 가지 요소를 염두에 두고 건물을 매수하고, 매도할 때도 명확한 계획을 세운다면 성공적인 건물주가 될 수 있을 것이다.

각 지역의 적정 금액대 수요를 파악하는 것은 매우 중요하다. 예를 들어, 내가 100억 규모의 건물을 산다고 한다면, 나는 절대로 인천에 투자하지 않을 것이다. 아무리 가격이 저렴하더라도, 각 지역마다 팔 수 있는 건물의 가격대가 정해져 있다. 경기권에 사는 부자가 과연 본인 거주지 인근에서 100억대 건물을 알아볼까? 100억을 투자할 사람이라면 서울 핵심 지역을 선호할 것이다. 이는 매우 자연스러운 현상이다. 마치 삼성전자에 100억을 투자하는 사람이 코스닥 작전주에 100억을 투자하는 사람보다 더 많듯이, 지역마다 적정 금액대가 존재한다.

따라서 내가 매각하고자 하는 금액대가 얼마인지에 따라, 투자할 지역을 잘 선택해야 한다. 서울 핵심 지역(강남, 성수, 용산, 중구 등)은 금액의 제한이 없다고 볼 수 있다. 이 지역들은 자산시장에서의 마지막 종착역이자 최상급지이기 때문에, 금액에 상관없이 시장이 활발하다. 반면, 내가 보는 건물이 서울 외곽 지역이라면 100억 이상의 매물은 고려하지 않는다. 경기권이라면 70억 정도가 적당하다고 생각한다.

| CONCEPT | 4장_ 빠르게 부자가 될 수 있는 필승 공식

그렇다면 여기서 반기를 들 수 있다. "싸게 사라면서 왜 지방에는 투자하지 말라고 하죠?"라고 말할 수 있다. 맞다, 지방에는 투자할 만한 곳이 많다. 농업 지역이 아닌, 지방의 거점 도시나 핵심 지역은 인구가 적다 하더라도 유동인구가 있고, 이곳에서 투자를 원하는 지역 주민들이 있기 때문이다. 나는 20억대까지는 지방 거점 지역에 투자하는 것이 나쁘지 않다고 본다. 오히려 서울에서 수익률이 낮은 20억대 소액 건물에 투자하는 것보다, 내가 잘 아는 지역, 내가 살아온 지역에 투자하는 것이 더 좋다고 생각한다. 물론 이 두 가지를 병행해서 보는 것이 바람직하다. 내가 살고 있는 지역과 관심 있는 지역을 함께 고려해 투자하는 방법이 더 효과적이다.

05

누구나 위기라고 외칠 그 시점이 바로 투자를 할 기회다

　2025년 현재, 한국의 경제 상황은 매우 좋지 않다. 자영업자들의 폐업률은 역대 최대를 기록하고, 내수 경제는 활성화되지 않고 있다. 금리가 높기 때문에 사업을 확장하거나 새로운 사업 아이템을 공격적으로 펼치는 것이 쉽지 않은 시장이다. 그럼 이대로 고여 있을 수밖에 없을까? 나는 그렇지 않다고 생각한다. 항상 그랬다. IMF가 왔을 때, 많은 사람들이 나라가 망한다고 말했지만, 그때 부동산에 투자한 사람들은 막대한 부를 이루었다. 경제 대공황이 왔을 때, 주식 시장에서 도망치라는 말이 있었지만, 그때 투자한 사람들은 큰 돈을 벌었다. 코로나라는 팬데믹이 닥쳤을 때도, 코로나 팬데믹을 맞이하며 자산에 투자한 사람들은 돈을 벌었다. 코로나라는 역병이 온다는 소식에 주식시장은 몰락했고, 부동산 가격도 위기설로 일시적으로 하락했다. 그때 이 기회를 잡은 사람들은 전 세계적인 저금리 정책과 경기 부양책을 통해 화폐 가치가 하락하고 자산 가치가 증가하는 과정을 통해 부를 축적했다. 지금 돌아보면, 모두가 위험하다고 했을 때 투자한 사람들이 승리했다.

그렇다면 지금이 투자의 적기일까? 최근 2020년부터 이어져 온 흐름을 보면 알 수 있다. 2020년, 코로나라는 팬데믹이 돌면서 경제 위기에 대한 인식이 확산되었다. 전 세계적으로 외부 활동을 차단했고, 이는 오프라인으로 매출을 올리던 자영업자들에게 큰 타격을 입혔다. 생계를 유지하기 위해 대부분의 나라들은 지원금을 지급하고, 낮은 금리로 대출을 받을 수 있게끔 도와주었다. 이렇게 경기 부양책이 속속히 나온다는 것은 결국 나라에서 돈을 푼다는 뜻이다. 미국이 이 흐름을 주도했고, 그 결과 엄청난 양의 돈이 시장에 풀렸다. 화폐는 무한하므로, 금과 같은 유한한 자산과는 달리 물가는 상승할 수밖에 없다. 그러나 이러한 급격한 금리 인하와 경기 부양책은 결국 화폐 가치의 하락을 초래했다. 화폐 가치의 하락은 실물 자산, 즉 부동산, 주식, 비트코인, 명품 등 가격의 폭등으로 이어졌다. 많은 사람들이 이때 상대적 박탈감을 느끼고 높은 가격에 자산을 매수했다. 그때 건물을 높은 가격에 매수했어도 금리가 낮았기 때문에 큰 부담을 느끼지 않았다. 하지만 이 기조가 언제까지 유지될 수 있을까? 바로 금리가 낮을 때까지만이다. 건물 투자를 위한 대출은 보통 3년 만기 일시 상환 방식이며, 이자만 납부하는 구조가 일반적이다. 그러나 2022년 말, 코로나 팬데믹이 어느 정도 진정되고 난 뒤 다시 금리가 상승하기 시작했다. 금리가 높아지자, 건물 가격은 시장의 논리에 따라 하락하게 된다. 예전에는 10억 하던 건물을 20억에 팔더라도, 금리가 2%대였기 때문에 월세를 통해 이자 납부는 물론, 여유도 생겼다. 하지만 금리가 2%에서 4%로 두 배 상승하자, 20억까지 상승했던 건물도 이제는 10억에 팔아야만 수익률이 맞는 상황이 된다. 그 결과, 건물 가격은 현재 금리 인상에 따라 하락했다.

하지만 2021년과 2022년, 저금리 시기에 대출을 받았던 사람들의 대출 이율은 어떤 상황일까? 대출은 보통 3개월마다 금리가 반영되므로, 금리가 올라가면 매번 그 이자도 증가하게 된다. 최소 3개월에서 길게는 1년 주기로 이자 부담이 늘어나며, 길게 보면 3년 후에는 이자가 두 배로 증가할 수 있다. 초기에는 세입자의 월세 수입이 고정되어 있어 이자 상환을 감당할 수 있지만, 시간이 지나면 금리가 두 배로 상승하면서 대출 상환 부담이 커진다. 여기서 문제가 생긴다.

만약 내가 비싸게 샀던 건물의 대출 만기가 다가오면, 대출을 갱신하려 할 때 은행에서 두 가지 이유로 대출을 거절할 수 있다. 첫째, 금리가 상승하면서 내가 구매했던 건물의 가치가 하락했다는 점이다. 은행에서는 감정평가를 통해 건물 가치를 다시 책정하며, 그 가격이 내가 산 가격보다 낮게 평가될 수 있다. 둘째, 최근 고액 건물은 법인으로 투자하는 경향이 많다. 하지만 법인의 임대료 수익보다 이자 지출이 더 많아져 적자 회사가 되는 경우도 발생한다. 이로 인해 자본잠식이 일어나면서, 은행에서는 대출 한도를 줄이거나 일부 금액을 상환해야 대출을 승인해 줄 수 있다.

이런 상황이 발생하면, 대출이 더 이상 가능하지 않거나 이자율이 높아지는 상황에서 이를 견디지 못하면 어쩔 수 없이 급매로 건물을 팔거나 경매로 넘어가는 강제 청산 절차를 겪게 된다. 이런 급매물들이 시장에 나오는 시점은 2024년에서 2025년 사이, 바로 2021년과 2022년 동안 매수한 건물들의 대출 만기가 도달하는 시점이다. 이 시기의 급매물을 잘 골라 투자한다면, 어려운 시기를 기회로 만들 수 있다. 모두가 위기라 생각할 때, 그때가 바로 투자의 적기인 것이다.

건물의 가격이 언제 오를까? 한국은행에서는 금리를 내렸다고 하지만, 실제로 내 대출 이자가 내려가지 않는 이유는 한국은행이 기준금리를 내린다 해도 우리가 대출을 받는 곳은 한국은행이 아닌 시중은행이기 때문이다. 시중은행은 한국은행의 금리 방향성을 참고하여 돈을 빌려오고, 그에 마진을 남기고 우리에게 대출을 제공한다. 시중은행은 시장 경제 상황을 가장 빨리 파악하는 곳이기 때문에, 경기가 좋아질 기미가 보이지 않으면, 은행도 보수적으로 대응하려 할 것이다. 이렇게 되면 절대로 저렴한 금리로 돈을 빌려주지 않는다. 그로 인해 한국은행 기준금리가 내려갔음에도, 우리가 실제로 내는 대출 이자는 줄어들지 않는다. 이 상황을 실질금리라고 한다.

한국은행 기준금리가 내려간 상태에서, 실질금리가 내려가는 시점이 오면 그때는 대출 이자가 낮아지면서 건물 가격도 상승할 것이다. 그때가 바로 건물을 사기에 좋은 시기일까? 그렇지 않다. 이미 많은 사람들이 그런 생각을 하고 있을 때, 모두가 그때 건물을 사려고 몰리기 시작한다. 그럴 경우 자연스럽게 건물의 호가가 상승하게 된다. 즉, 한국은행 기준금리는 내려갔지만, 실질 금리가 반영되지 않은 시점이야말로 건물 투자를 하기 위한 가장 적기일 수 있다.

WHY

5장

자본주의 사회에서
반드시 돈 공부를
해야 하는 이유

리스크를 지지 않으면
인생이란 게임에서 평생 지게 된다

　내 인생을 한 단어로 표현하자면 '리스크'다. 내 인생은 항상 두 가지였다. '리스크'와, 그 리스크를 감당할 수 있는 '관리 능력'. 인간은 내로남불인 경우가 많아, 본인의 선택과 판단에 대해서는 관대하다. 하지만 타인의 선택과 판단에 조금이라도 오차가 있다면 그것은 너무나도 잘 찾아낸다. 예를 들어 내가 대기업에 취업했다면 스스로에게 이렇게 말할 것이다. "취업이 얼마나 힘든데. 나처럼 대기업에 취직하는 또래는 드물어. 나는 앞으로 안정적으로 평생 잘 살아갈 거야." 하지만 그런 당신의 또래가 만약 본인보다 좀더 좋은 회사에 취직한다면 이렇게 말할 것이다. "저런 힘든 대기업에 들어가서 백날 일해봤자 시간으로 따지면 나랑 급여 차이는 얼마 안나. 차라리 내가 주식으로 좀 더 벌면 저 친구보다 훨씬 더 벌 수 있어." 그런데 세상을 좀 더 객관적으로 바라보자. 좀 더 똑똑하게 바라보고 나 자신에 대해 좀 더 엄격하게 생각해보자. 당신 친구 또한 주식을 할 수 있고 부동산 투자를 할 수 있다. 당신만 하는 건 아니다. 그리고 만약 지금 이 책을 읽는 당신이 이런 생각을 가지고 있다면 바꿔서 생각해야 한다. "내가 비록 대기업에 취직했지만, 이 월급으로 노후 대비를 하기엔 너무나 적은 월급이야." 사실 이건 내 이야기다. 나 또한 첫 직장생활을 시작할 때는 월 500만 원만 벌면 소원이 없을 거 같다고 생각했다. 하고 싶은 걸 다 하면서 살 수 있을 것 같았으니까. 하지만 현실은 달랐다. 내 집 하나 장만하지 못했으니. 이런 현실을 타파하기 위해선 무엇이 필요할까? 도전이었다. 틀을 깨는 도전이 필요했다. 하지만 도전 앞에는 항상 '리스크'라는 벽이 존재했다. 인생에 있어 언제나 도전은 위험성을 동반한다. 하지만 아무것도 하지 않으면? 아무 일도 일어나지 않는다. 그래서 리스크가 있더라도 나는 도전을 택했다. 리스크를 '관리'할 수 있는 능력을 키우면 된다고 생각했다. 그런 나의 인생에 있어서 발생한 리스크에 대한 이야기를 해볼까 한다.

첫 번째 리스크는 '또래의 허세'에서 시작되었다

    같은 가격을 지불하고 재산권을 행사했을 때 주변인들에게 더 높은 가치를 인정받고 싶었다. 그래서 모두가 고가의 mp3 아이팟을 사지 못하고 아이리버를 살 때 나는 중고나라에서 아이리버 mp3가격으로 아이팟을 급하게 파는 급매물건을 시세 이하에 구매했다. 그리고 잘 사용하다가 신제품이 나오기 전에 내가 산 가격에 팔았다. 여기서는 내가 중고 물품의 가격이 싼지 비싼지를 판단해야 하는 리스크와 해당 중고 물품의 감가율을 생각해야 한다는 리스크가 존재한다. 그런데 한 두번 해보니 요령이 생겼다. 내가 사용하지 않고 바로 판매하면 산 가격보다 더 비싸게 팔 수 있게 된 것이다. 여기서 시세를 파악하는 관리 능력으로 리스크를 헷징했다. 그래서 중고나라에서 수많은 거래를 했고 학생이 만지기 힘든 돈을 벌 수 있었다. 여기서 좀 더 욕심이 생기기 시작했다. 그 시절은 아이팟이 아닌, 줄이 있는 이어폰을 쓰는 시대였다. 그중 음질이 좋다고 소문난 뱅앤올룹슨 A8이라는 이어폰을 고등학생 때 사용해 보고 싶었다. 사치품을 좋아했으니까. 남들이 만 원 짜리 이어폰을 낄 때 30만 원짜리 이어폰을 껴보고 싶었으니까. 가격을 찾아봤더니 기내면세품으로는 15만 원에 살 수 있었다. 그래서 온가족이 비행기를 타고 여행을 갈 때 면세한도 내에서 싹쓸이를 했다. 한국 뱅앤올룹슨 회사에서 파는 가격은 30만 원 후반이었기에 중고나라에서 30만 원 초반에 새 제품을 판매했다. 비행기 티켓값을 벌었다. 여기서 내가 관리한 리스크는 도소매업의 재고 리스크인데 중고나라에 수요자가 많았다는 걸 이미 여러 번의 거래로 알고 있었다. 하지만 중고나라 거래는 내가 온전히 시간을 쏟아야 한다는 단점이 있었다. 내 고등학생 신분의 첫 사업은, 사기꾼이 판치는 온라인 세상이었기 때문에 직거래로 물건을 확인하러 가야 한다는 리스크가 있었다. 정해진 시간은 한정되어 있는데 내가 직접 움직여야 하니까 '효율'이 떨어졌다. 사업도 항상 그렇다. 내가 일정 금액 이상을 벌기 시작하면, 그 다음엔 나를 대체할 수 있는 직원을 고용해야 한다. 하지만 이때는 미성년자였기 때문에, 이 부분을 해결하기 힘들었다. 면세품 시세차익에는 면세품을 구할 수 있는 기회가 적다는 게 단점이었다. 그러다 보니 생각이 난 것이 게임 아이템이었다. 온라인에서 사고팔 수 있는 물건이라면 내가 직접 이동을 안 해도 되겠구나라고 생각한 뒤 게임 아이템과 게임머니를 현금으로 사고팔기 시작했다. 15년 전만 해도 중고나라에서 책임지는 안전거래라는 게 없었다. 나의 물건 구매 판매를 보증해주는 보증인도 없었다. 하지만 게임아이템은, 아이템매니아와 아이템베이라는 게임아이템 ↔ 현금 교환 중개사이트가 있었다. 현물 중고 상품 거래에서 온라인 게임 아이템 거래로의 내 사업전환은 인력 보충 문제를 해결할 수 있음과 동시에 나의 관심사인 게임이라는 매체를 활용할 수 있다는 점에서 더없이 좋았다.

그럼 어떤 게임 아이템을 팔아야 내가 돈을 더 혁신적으로 많이 벌 수 있을까? 내가 생각한 첫 번째 판단은 따뜻할 때 겨울옷의 매출이 떨어지고, 추울 때 겨울옷의 매출이 올라가듯, 분명 게임머니와 아이템 거래에도 비수기와 성수기가 존재한다는 것이다. 그런 게임 장르를 찾아야 했다. 그때 생각난 게임이 퀴즈퀴즈였다.(지금은 큐플레이로 업그레이드 되었다.) 이 게임의 수요층은 초등학생과 중학생이었다. 그들에게는 방학이라는 성수기와, 방학이 아닌 비수기가 존재한다. 중고나라에서 나는 이미 비수기와 성수기의 차이를 터득했다. 여름에 몽클레어 패딩은 기존 판매가보다 저렴하다. 겨울엔 없어서 못 팔기에 구매자들은 웃돈을 주고 산다. 이 공식을 게임머니에 접목시켰다. 초등학생들이 현금을 충전할 수 있는 시기는 언제인가? 방학 시즌과 추석, 설 등 용돈을 받는 시즌이다. 그럼 수요와 공급의 법칙에 따라 주식시장과 똑같이, 게임머니를 찾는 수요층이 많아지는 이런 성수기에는 게임머니가 비싸진다. 그때 미리 비수기에 싸게 사둔 게임머니를 비싸게 판다. 여기서 나는, 수요과 공급의 법칙에 대한 시장 논리를 배웠다. 한철 장사만 해도 2배 수익이 난 적도 있었다. 온라인 사업은 재고에 대한 리스크가 없고 비대면으로 컴퓨터 앞에서 이루어지기 때문에 더욱 효율적으로 많은 매출을 낼 수 있었다. 하지만 여기서 끝나야 하는데 욕심이 생겼다. 만약 시장의 논리를 바꾼다면? 게임 아이템 거래소에는 보통 '팝니다 게시판'과 '삽니다 게시판'이 있다. 파는 사람은 비싸게 팔고 싶고 사는 사람은 싸게 사고 싶다.

그들은 그럼 가격의 기준을 어떻게 판단할까? '팝니다 게시판'과 '삽니다 게시판'을 보고 시세를 파악한다. '아 이 정도 가격이 파는 사람과 사는 사람의 중간 시세구나. 그럼 나도 이 가격에 산다고 올려야겠다!'라고 생각하고 '삽니다 게시판'에 글을 올린다. 나는 고등학교 때 책에서 담합이라는 걸 배웠다. 판매자들이 짜고 비싸게 파는 행위. 그걸 이 게임 아이템 거래 시장에 접목시켰다. '삽니다 게시판'에 허위로 게시글을 도배했다. 시세 이상의 가격으로 비싸게 산다고 올렸다. 그리고 '팝니다 게시판'에 비싸게 판다고 올렸다. 마치 내가 올린 게시글들이 시세인 것 마냥 말이다. 그랬더니 누군가가 나의 '팝니다 게시판' 글에 거래신청을 했다. 그게 시세인 줄 알고 말이다. 또 누군가는 '삽니다 게시판'에 내가 올린 시세대로 산다고 글을 올렸다. 하지만 엄연히 이는 시세조작이고 잘못된 행위이다. 그때는 몰랐다. 그 후 게임 아이템 중개 사이트에서 연락이 왔다. 계속 이런 식으로 거래를 하면 거래 정지를 시켜버리겠다고 했다. 겁이 많던 나는 이게 잘못된 거라는 걸 단번에 알 수 있었다. 그리고 바로 그만뒀다. 그 후 아이템매니아와 아이템베이 게임머니 중개 사이트에는 시세표가 생겼다. 그리고 이후로 나는 시즌상품만 시즌에 파는, 때를 기다려야 하는 사업만 할 수 있었다.

하지만 성수기가 아닌 시기에도 추가적인 매출에 대한 욕구는 끊이지 않았다. 그래서 생각했다. 그 결과 이런 결론을 냈다. '항상 수요가 있는 물건은 영업이익이 높아야 한다.' 저가커피 1,000잔을 팔기보다 압구정 로데오에서 100만 원짜리 향수를 팔아야 한다는 것이다. 매출은 중요하지 않다. 아무리 비싸도 그 물건의 가치를 인정해 주는 사람이 있다면, 그리고 그런 사람들이 많이 모인 곳이라면? 향수나 화장품 같이 비싼 물건도 잘 팔린다. 나는 온라인에서도 그런 시장을 개척해야 했다. 초등학생들의 코 묻은 돈을 시세조작을 통해서 벌기보단, 구매력이 높은 어른들의 돈을 지갑에서 꺼내보자라고 생각했다. 그래서 리니지와 디아블로 같이 성인들이 하는 게임에 손을 대기 시작했다. 어느 정도 돈을 가진 사람은 내가 해야 하는 귀찮은 행위에 대해서 비용을 지불하는 것을 꺼리지 않는다. 중고나라에서 아이팟을 거래할 때, 나 대신 누군가가 가서 물건 상태를 체크해 주고 왔으면 했다. 그 귀찮은 행위에 대해, 물건 매매차익을 통해 내가 이득을 볼 수 있다면 충분히 누군가에게 심부름 값을 지불할 의사가 있었다. 소비력이 높은 어른들이 하는 게임에서 이 부분을 캐치했다. 그래서 레벨이 높은 계정을 매수해서 고가의 아이템으로 풀세팅했다. 500만 원이라는 가격에 세팅하고 2,000만 원에 팔았다. 놀랍게도 팔렸다. 지금 와서 생각해 보면 인테리어와 건물 리모델링의 시작점도 이와 같았다. 모든 공사를 100% 리모델링 업자에게 맡기는 게 아닌, 그 모든 과정을 내가 파악하고 인부를 고용한 뒤, 원자재를 사서 직접 인부에게 지시하거나 혹은 공정별로 업체를 별도로 선정해서, 나가는 중간마진을 최소화하는 일. 결국 다 같은 맥락이다.

어쩌면 내가 중간마진을 주는 걸 싫어하고, 중간 과정을 생략하는 행위를 좋아하는 건 고등학생 때 내가 직접 경험해 봤기 때문이 아닐까라고도 생각한다. "또래의 허세" 리스크에서 시작된 나의 고등학교 시절 소소한 현금흐름은 중고나라 사기꾼판별, 감가상각률, 비성수기, 영업이익률을 '관리'하면서 끊임없이 진화해왔다. 만약 내가 고등학생 신분이니 성인 되면 하자라며 아무것도 하지 않았다면? 나는 지금 건물 투자에 필요한 초기자본 비용을 마련하지 못했을 것이다.

두 번째 리스크는 '학벌 VS 실속'이었다

초등학교 5학년 때까지 사람들이 우스갯소리로 말하는 '마계인천'의 본고장 주안에서 살면서, 나는 내가 공부를 잘하는 줄 알았다. 40명 중에 5등은 했으니까. 그리고 초등학교 6학년 때, 인천의 강남이라 불리는 연수구로 이사했다. 지금은 송도라고 한다. 처음 시험 결과는 충격적이었다. 40명 중에 37등을 한 것이다. 세상이 무너지는 거 같았다. 내가 이정도였나? 눈물이 났다. 그때 알았다. '아, 나는 지는 걸 싫어하는구나. 열심히 공부해야겠다.' 첫 번째 리스크였던 허세도 중요했다. 그래서 돈에 눈이 멀었었다. 하지만 공부를 뒷전으로 내팽개쳐 둘 순 없었다. 지는 걸 죽도록 싫어했으니까. 이 부분은 내 미래에도 똑같이 작용했다. 문과에 진학한 나는, 인천이라는 지역 특성상 수능성적이 그리 높지 않아도 된다는 장점이 있었다. 장점인 이유는 서울보다 공부를 못해도 내신성적과 논술 실력만 있다면 더 좋은 학교를 갈 수 있었기 때문이다. 이 기회를 놓칠 수 없었기에 논술을 열심히 했다. 그때 나에게 논술을 가르쳐준 선생님은 서울대 출신이셨다. 우리 부모님과 나는 서울대 출신이라는 타이틀을 믿었으며 그래서 열심히 논술을 배웠다. 고등학생 당시 월 100만 원이라는 큰 비용을 냈지만, 주 1회만 수업했다. 그때 이런 생각을 했다. '아니, 이 분 그럼 도대체 얼마를 버는거야?' 게임아이템을 팔던 나는 자연스럽게 돈에 포커스가 맞춰졌고, 마치 자영업자가 다른 매장에 가면 테이블수와 매출을 계산하듯, 나와 같이 수업을 듣는 학생 수와 나의 학원비를 곱하며 매출을 상상했다. 그리고 결론을 지었다. '이 분이 돈을 많이 버는 이유는 서울대학교라는 타이틀이 있어서구나. 나도 좋은 학교에 가야겠다.'

문과 기준 내 성적은 소위 말해 국숭세단(국민대 숭실대 세종대 단국대) 정도를 갈 수 있는 실력이었다. 하지만 욕심은 있어서 논술 시험을 건국대부터 연세대까지 모두 치렀다.(서울대는 감히 넘보지 않았다) 보통 논술을 보면 과를 같이 선택하는데 나에게 연세대학교에서 고민거리가 생겼다. 연세대 경영학과 경쟁률은 50:1인데 비해 신학과 경쟁률은 15:1이었던 것이다. 그럼, 내가 연세대학교에 붙을 수 있는 확률은 신학과가 경영학과에 비해 3배 이상 높다. 여기서 고민이 시작되었다. 내가 내 성적에서는 넘볼 수 없는 연세대학교를 나온다.

그리고 논술 강사로 전향한다. 나에게 과외를 받는 수강생들에게 말한다. '나는 연세대학교에서 신학문을 전공했어. 논술과 어울리는 학문 아닐까?'라며 떼돈을 버는 상상을 했다. 그리고 신학과 논술을 치렀다. 도전 결과는 불합격이었다. 그렇게 불합격했지만 나에겐 '리스크'를 감당한 투자였다. 학생 때부터 교사의 꿈이 있었던 걸까? 지금 이렇게 건물 투자에 대한 책도 쓰고 실제로 더욱더 적극적으로 투자하고 싶어하는 분들을 대상으로 "0원으로 건물 투자"라는 슬로건을 내세운, 건물주 만들기 프로젝트를 활발하게 진행 중이다. 일단 해보자라는 마인드로 시작한 내 교육사업은 시작 반년 만에 47명의 건물주 수강생을 만들었다. 거래액은 1,400억 원 정도로 추산된다. 결국 뭐든 해봐야 한다.

세 번째 리스크는 '도박과 베팅'이었다

논술로 대학에 갈 줄 알았다. 하지만 건국대부터 연세대까지 내가 갈 수 있는 모든 학교는 떨어졌다. 수능도 원하는 만큼 성적이 나오지 않았다. 하지만 서울에서 대학 생활을 하고 싶었다. 그래서 무리해서 서울에 있는 국숭세단에 지원했지만, 다 떨어졌다. 가장 가능성이 있는 학교가 세종대학교였는데 예비번호가 35번이었다. 작년 예비 합격 번호를 보니 43번까지 붙었다고 한다. 작년 평균치로 본다면 가능성이 있었지만, 학부생이 대략 60명 정도니 반 이상이 내가 지원한 세종대학교 식품공학과를 포기해야 했다. 내가 할 수 있는 게 뭐가 있을까? 그래서 생각했던 방법이 있다. 당시 네이버에 "수만휘"라는 고3 수험생 커뮤니티 카페가 유명했다. 이곳에서 나도 '예비 35번인데 세종대학교 식품공학과 붙을 수 있을까요? 작년엔 몇 번까지 돌았나요?'에 대한 답을 들을 수 있었다. 카페에서 세종대학교 식품공학과를 쳤다. '세종대 식품공학과랑 동국대 경영학과 붙었어요 어디갈까요?'같은 고민을 하는 사람들이 있었다. 열심히 댓글을 달았다. 세종대학교가 왜 안 좋은 학교인지 왜 가면 안 되는지. 그리고 당신이 고민하는 두 번째 학교가 얼마나 좋은학교고, 좋은 과며 취업률이 어떠한지. 한마디로 세종대학교 안티가 되었다. 그래야 그들이 포기한 기회가 나에게 돌아오니까. 결과는? 35번 마지막 추가 합격자로 세종대학교 식품공학과 문을 닫고 들어갔다. 100% 그렇게 된다고 장담하진 못하지만 노력하면 확률은 올릴 수 있다. 나에게 주어진 외부 상황을 최대한 활용한다면 가능하다.

네 번째 리스크는 '적성 vs 돈' 사이의 선택이었다

대학교를 졸업하고 취직하는 일반적인 루트를 따르지 않고, 23살에 산업 전선에 뛰어든 것도 하나의 리스크였다.

많은 사람이 물었다.

"잘 다니던 학교를 왜 그만둔 거야?"

"도대체 그렇게까지 하면서 살 이유가 있어?"

"너의 꿈은 뭐야?"

어릴 적에는 파충류를 좋아해서 수의사가 되고 싶었다. 하지만 이과는 나와 맞지 않았다. 게다가 의사가 될 만큼 공부를 잘하는 것도 아니었다. 그러다 현실적으로 꿈이 바뀌었다. "내가 좋아하는 슈퍼카를 몰 수 있는 부자가 되자."

그렇다면, 부자가 되어 슈퍼카를 타려면 무슨 일을 해야 할까?

군대에서 시간이 많았던 덕분에 이 고민을 수없이 반복했다. 하지만 답은 쉽게 나오지 않았다. 결국 선택지는 두 가지였다.

1. 내가 좋아하는 일을 한다.
2. 돈이 되는 일을 해서, 남는 시간에 내가 좋아하는 걸 한다.

먼저 첫 번째 선택지를 생각해 봤다. 나는 차를 좋아하니까 자동차 관련 일을 하면 자연스럽게 돈이 따라오지 않을까? 자동차 관련 직업 중 접근하기 쉬운 일은 수입차 영업사원이었다.

만약 내가 페라리 서울 매장에서 근무하며 고객에게 페라리를 판다면? 하지만 판매로 끝나는 일이라면, 절대로 페라리를 판다고 해서 페라리 오너가 될 수는 없다. 물론 수십 대를 팔면 가능할 수도 있겠지만, 현실적으로 인간의 한계를 생각해 봐야 한다.

우리에게 주어진 시간은 하루 24시간. 그 시간을 계약에만 쓸 수는 없다. 출근도 해야 하고, 영업도 해야 하고, 기존 고객 관리도 해야 한다. 결국, 영업사원(딜러)은 본인의 노동력 이상을 벌 수 없는 구조다. 사업으로 따지면 상방(수익의 상한선)이 막혀 있다는 뜻이다.

그렇다면 그 상방을 뚫으려면?

직원을 고용해야 한다. 하지만 영업사원이라는 직업 특성상, 하부 직원을 둘 수 있는 시스템 자체가 없었다.

두 번째 선택지는 돈이 되는 일을 하고, 남는 시간에 내가 좋아하는 취미 활동(드라이브 및 서킷 레이싱 등 차량 관련 활동)을 즐기자는 것이었다. 좋아하는 일을 포기해야겠다고 생각하며 돈이 되는 일을 찾고 있었다.

"일단 나가서 생각하자." 그렇게 마음먹고 휴가를 썼다.

차에 미쳐 있던 나는 군인 신분으로 구매한 미니 쿠퍼를 타고 강원도 영월에 있는 아버지의 시골집으로 향했다. 도착해 보니, 예전엔 그냥 넓기만 했던 마당이 이번에는 다르게 보였다. "아, 이래서 아는 만큼 보이는 거구나."

2010년대 초반, 미니 쿠퍼 오너들 사이에서 작은 차에 캠핑용품을 가득 싣고 캠핑을 다니는 것이 유행이었다. 지금도 여전히 인기 있는 문화다. 당시에는 지금처럼 팝업스토어가 대중화되지 않았지만, 미

강원도 영월에 있는 아버지의 시골집. 가끔 드라이브 겸 놀러갔다

니 쿠퍼는 다양한 업체들과 협업하여 팝업스토어를 운영하고 있었다.

그때 내가 이런 트렌드를 접할 수 있었던 매체는 페이스북이었다.

군대에서 할 수 있는 거라곤 싸지방(사이버 지식 정보방)에서 페이스북을 하거나, 민간인 친구들에게 "나 휴가 나가면 만나줄 거지? 나 여기서 심심해." 같은 메시지를 보내는 게 전부였다. 대부분의 군인이 그랬고, 나도 마찬가지였다. 하지만 '앞으로 뭐 먹고살지?'라는 고민이 생기면서, 자연스럽게 구인·구직 관련 페이스북 페이지를 찾아보기 시작했다.

그러다 보니 내가 좋아하는 자동차 관련 콘텐츠와 알고리즘이 자연스럽게 뒤섞였다. 그리고 그 과정에서 흥분될 만한 아이디어가 떠올랐다. 어쩌면 이때가 공간 대여와 부동산에 눈을 뜨는 계기였을지도 모른다.

"뻔한 자동차 전시장이 아니라, 미니 쿠퍼 팝업스토어를 만들어 다양한 수요층을 끌어들이자!"

이 아이디어를 떠올리자마자 바로 실행에 옮겼다.

나는 실행 속도를 가장 중요하게 생각한다. 많은 사람이 아이디어를 떠올려도 부정적인 점을 먼저 찾고, 결국 실행하지 않는 이유를 합리화한다. 하지만 내 방식은 다르다.

"실행해서 실패하더라도 금전적 손해가 없다면? 결국 잃는 건 내 시간뿐이다."

그렇다면 그 시간은 정말 아까운 시간일까?

한번 생각해 보자. 군대에서 남는 시간에 내가 하던 일이라곤 페이스북 게임을 하거나, 친구들에게 "놀아줘." 하고 구걸하는 것이었다. 아니면 그냥 침대에 누워 "언제 전역하지?" 하며 시간을 흘려보냈을 것이다. 어차피 그렇게 사라질 시간이었으니, 차라리 뭔가 시도해 보는 게 낫다.

그렇다면, 월급쟁이에게 부업을 추천하는 이유는 무엇일까?

진정한 사업가는 출퇴근 시간이 정해져 있지 않다. 내가 만난 성공한 사업가들은 대부분 그런 삶을 살았다. 하지만 월급을 받는 근로소득자라면? 퇴근 후의 시간은 오롯이 자기 것이다. 그 시간에 부수입을 올릴 수 있다면? 그야말로 '부수입'이 된다.

그렇다면, 리스크가 오직 공부와 시간 투자뿐인 부업이라면? 그리고 그 부업이 장기적으로 사업으로 발전할 가능성이 있다면? 나는 직장인이라면 필수적으로 부업을 해야 한다고 생각한다.

특히 부동산 콘텐츠를 접목할 수 있는 업종이라면 더욱 추천한다. 하지만 시간이 많이 들지 않는 파티룸, 외국인 도시민박업, 공간 대여업 같은 사업이라면 더욱 매력적이다.

나는 단순히 건물 투자 이야기를 하는 것이 아니다. 인생을 바꾸는 A to Z 경영 컨설팅을 하고 있다.

아무것도 없던 무직자, 직장인, 주부, 프리랜서들이 '부동산 연계형 부업'을 통해 현금 흐름을 만들도록 돕고 있다. 물론 단순히 방법만 알려주는 게 아니라, 사업자 신설, 매출을 효과적으로 내는 방법, 법인 및 개인사업자의 신용을 높여 정부 지원 자금을 받는 법까지 내 카르텔과 함께 직접 서포트한다.

그리고 이렇게 만들어진 재무 건전성을 바탕으로, 1금융권에서 낮은 금리로 대출받아 '급매' 물건을 살 수 있게 돕는다. 현재도 수십 명이 이 프로젝트를 통해 건물주가 되었다.

아마 이 책이 초판 인쇄될 즈음이면, 내 손에서 50명이 넘는 건물주가 탄생해 있을 것이다.

과연, 이들이 나와 함께하지 않았다면 같은 결과를 만들어낼 수 있었을까?

나는 아니라고 본다.

그래서 주변 사람들에게 항상 말한다.

"빠른 실행이 인생을 바꾼다."

결과는 중요하지 않다. 일단 해봐라.

그래서 빠르게 실행했다. 남은 휴가 기간 동안 시골집의 평면도를 그리고 설계를 했다. 아버지의 시골집을 미니 쿠퍼 캠핑 팝업스토어로 만들자. 이 생각 하나로.

마당이 넓었지만, 입지상 고객이 나를 찾아오도록 만들어야 했기에 사업 아이템을 구상하는 과정에서 늘 한계에 부딪혔다. 하지만 미니 쿠퍼와 내가 가진 부지에 캠핑 팝업스토어를 결합하는 아이디어를 떠올렸다. 미니 쿠퍼 오너들은 독특한 행사를 좋아했고, 브랜드 역시 다양한 시설물을 보유하고 있다는 점을 파악했다. 그들 입장에서는 행사가 끝난 후 무대 장치나 각종 아이템을 보관할 공간이 필요했다. 내 공간을 활용해 그런 시설물을 설치해 두면, 기존 고객들에게 새로운 경험을 제공할 수 있고, 강원도처럼 수입차 전시장이 없는 지역에서 미니 쿠퍼를 홍보할 기회도 될 수 있었다.

내 입장에서도 놀고 있는 공간에 가치를 부여해 카페 매출과 캠핑장 대여 수익을 창출할 수 있었다. 게다가 광고비도 들지 않았다. 대기업인 미니 쿠퍼 코리아가 대신 홍보해 주기 때문이다. 리스크가 거의 없는, 안정적인 사업 모델이었다.

곧바로 연락했다. 실제로 말년휴가를 나오기 전까지 페이스북 메신저로 설계 도면을 주고받으며 논의했다. 너무 좋았다. 내가 하고 싶은 자동차 관련 일이었고, 단순한 프로젝트가 아니라 향후 행사 기획자로 사업을 확장할 가능성도 있었다.

그럼 언제 시작했냐고? 하지 않았다. 마지막까지 고민했다. 하지만 욕심이 많은 나에게는 하나의 리스크가 걸렸다. 강원도에서 살아야 한다는 것. 이 리스크는 관리나 대체가 불가능했다. 나는 더 크게 성공하고 싶었고, 수도권에 있어야 했다. 결국 포기했다. 그리고 결심했다. 돈만을 위해 일하기로.

누군가 "너 한 달에 얼마나 벌어?"라고 물으면, "하루에도 내 자산이 오르락내리락해서, 한 달 수입이 얼마인지 잘 몰라."라고 말할 수 있을 정도가 되고 싶었다. 그래서 방법을 찾기 시작했다. 아무런 리스크 없이 부자가 되는 길.

결국, 답은 뻔했다. 내 가게를 차려야 한다. 내 사업을 해야 한다. 하지만 22살, 너무 어렸다. 경쟁 사회에서 단 한 번도 사회 경험이 없는 상태에서 내 사업을 차리는 건 부담스러웠다. 특히 서울에서 사업을 한다는 것은 더욱 막막했다. 압구정 로데오거리의 핫한 음식점과 카페들은 인테리어에 수억 원을 투자하고, 마케팅 비용만 매달 수천만 원을 지출하면서 살아남는다. 과연 내가 이런 경쟁 시장에서 버틸 수 있을까? 자신이 없었다.

그럼 경쟁력을 갖추기 위해 나는 어떤 길을 가야 할까? 역으로 생각했다. 모든 젊은이가 경쟁하는 서울 강남에서 장사하지 말자. 의대에 가서 피부과, 안과, 성형외과 전문의가 되어 경쟁하지 말자. 진입 장벽이 낮아 누구나 할 수 있지만, 그 분야에서 1등을 하면 대우받을 수 있는 일을 하자.

그래서 제조업을 선택했다. 한국에서 가장 오래된 뿌리 산업이며, 대한민국 남성의 절반 이상이 종사하는 분야. 여기서 성공하려는 사람은 많지 않다. 대부분이 그저 월급을 안정적으로 받으며 만족한다. 하지만 내가 조금만 더 노력하면? 내가 조금만 더 기술자가 되면? 회사는 나를 그만큼 대우할 것이다. 그리고 그 기술이 AI처럼 시대를 변화시키는 기술이라면? 수많은 회사가 나를 필요로 하게 되고, 나는 자연스럽게 고액 연봉자가 될 것이다.

그래서 대형 자동화 기계를 보유한 회사를 찾아다녔다. 그리고 말년휴가에 맞춰 면접을 잡았다. 경기도 시화공단. 22살, 군복을 입고 8곳의 공장을 찾아갔다. 놀랍게도 8개 업체 모두 합격했다. 그중에서도 가장 영세해 보이는 업체를 선택했다.

왜 대기업을 두고 소기업을 선택했냐고? 내 목표는 이 회사에서 평생 일하는 게 아니었다. 나는 이곳에서 배울 수 있는 모든 기술을 익힌 후, 이직하면서 연봉을 올릴 계획이었다. 대기업에서는 1부터 100까지 해야 할 업무 중 단 하나만 맡게 된다. 하지만 소기업에서는 1부터 50까지 모든 일을 경험해야 한다. 그래서 영세 기업을 택했다.

그렇게 취직했고, 일했다. 공장은 보통 3교대 또는 주야간 교대로 운영된다. 특히 비싼 기계일수록, 기계를 놀리는 시간이 곧 손해이기 때문이다. 그래서 나는 두 개의 회사를 다녔다. 낮에는 A 회사에서 주간 근무, 밤에는 B 회사에서 야간 근무. 그렇게 1년을 살았다.

죽을 뻔했다. 하지만 죽지는 않더라.

남들과 똑같이 살면서 남들과 다르게 되고 싶어하는 건 욕심이다. 남들보다 더 잘 살고 싶다면 그만큼 더 노력해야 한다. 너무나 당연한 이야기다. 하지만 사람들은 흔히 "열심히 했다"고 말한다. 문제는 열심히 했다는 것 자체가 중요한 게 아니라는 점이다.

결과가 나왔는지 나오지 않았는지, 그 열심히를 위해 얼마나 고민했고, 효율성을 얼마나 따졌는지가 더 중요하다. 인간은 타인에게는 객관적인 기준을 적용하면서도 본인에게는 주관적인 판단을 내린다. 특히 "열심히"라는 말에 대해서는 더더욱 그렇다. "나는 이번에 정말 열심히 했는데 안 됐어." 하지만 그 열심히가 과연 남들이 봤을 때도 충분한 수준이었을까?

모두가 열심히 했다고 말하지만, 그 노력을 객관적으로 수치화한다면 각자의 노력의 정도는 다를 것이고, 결과도 당연히 달라진다.

만약 돈을 좇으며 사는 게 싫다면, 그렇다고 지금 다니는 회사를 그만둘 수도 없다면, 혹은 건물주가 되고 싶지만 직장 생활을 포기할 수 없다면, 나는 스타트업에 취직해 내 역량을 쏟아보는 것을 추천한다. 대기업이 유일한 답은 아니다. 월급이 100만 원, 150만 원씩 오른다고 해서 우리의 인생이 근본적으로 달라지지는 않는다. 오히려 우리의 삶을 바꾸는 순간은 대부분 외부적인 요인에 의해 결정된다.

그 외부적인 요인 중 직장 생활을 통해 바꿀 수 있는 방법이 하나 있다. 바로 스타트업 창업 초기에 내 노동력을 인정받아 지분을 취득하는 것이다. 투자금을 들이지 않고도 대표에게 가치를 인정받아 지분을 받을 수 있다면, 시간이 지나 회사의 가치가 커졌을 때 지분을 매각해 인생을 바꿀 기회를 만들 수 있다.

여기서 중요한 외부적인 요인은 바로 그 회사에 투자하겠다는 사람들이다. 하지만 그들은 누가 데려올까? 개인의 기술력도 중요하지만, 결국 대표의 영업 능력과 투자에 대한 피드백이 가장 큰 영향을 미친다.

내가 직장인이라면, 삼성전자 같은 대기업보다 열악한 환경이라도 이런 인생 역전의 기회가 있는 회사를 선택할 것 같다. 혹은 대기업의 상장을 통해 우리사주(우리회사 주식 소유제도)를 취득하는 방법도 있을 것이다.

그리고 부동산도 있다. 부동산은 걱정하지 않아도 된다. 내가 알려줄 테니까.

다섯 번째 리스크는 안정성과 사업이었다

첫 회사를 다니면서 남는 시간에 또 다른 회사에서 일하며 죽도록 일했다. 그렇게 나는 나의 가치를 끌어올리고 있었다. 내 기술력이 좋다는 소문이 돌기 시작했고, 다른 회사에서 스카우트 제의가 들어왔다. 덕분에 고액 연봉자로 금방 승진할 수 있었다. 그렇게 나는 당장 생활이 빠듯하지 않은 사람이 되었다.

어느 정도 등이 따뜻해지고 의식주에 대한 고민이 사라지자, 새로운 고민이 시작됐다. "지금 이렇게 사는 게 맞는 걸까?"

남을 위해 일하면서 월 500만 원을 받는 상황이라면, 내가 직접 기계를 사서 운영하면 1,000만 원을 벌 수도 있을 것 같았다. 직장인과 사업이라는 리스크 앞에서 나는 사업을 택했다.

사업을 하기 위해서는 리스크 관리가 필요했다. 가장 중요한 건 "내가 직접 할 줄 알아야 한다"는 것이었고, 이를 위해 1년간 두 개의 회사에서 현장 경험을 쌓으며 철저히 준비했다. 리스크를 충분히 관리했기에 주저 없이 내 사업체를 차렸다. 2014년에 설립한 개인사업자가 바로 그 결과물이었다.

여섯 번째 리스크는 레버리지였다

"그래, 내가 직접 공장의 주인이 되어보자."

제조업을 시작하려면 기계가 필요했다. 당시 내가 조작하던 기계는 일본산이었고, 선택지는 두 가지였다. 우리는 흔히 리스라고 하면 자동차를 떠올리지만, 사실 해외에서 생산된 고가의 기계 장비도 리스가 가능하다. 그중에서도 엔화 리스 또한 선택지였다.

2012~2013년, 내가 일을 배우던 당시 엔화 환율은 1,000원당 1,400원 정도로 높았다. 하지만 내가 사업을 시작한 2014년 말, 엔화의 가치는 1,000원 아래로 떨어졌다. 이 기회를 놓칠 수 없었다.

내가 누구인가. 중간 마진을 최소화하고, 극강의 가성비를 추구하는 레버리지 투자자, 영끌남이었다. 내 영끌 인생의 근간은 이때부터 시작되었다.

정부는 젊은 사람이 제조업을 한다면 적극적으로 지원한다. 거기에 기계 설비를 도입한다면? 중소기업진흥공단이나 지자체에서 낮은 금리로 자금을 빌려준다. 나는 이 혜택을 놓치지 않았다.

지금 내가 '영끌남'이라는 슬로건을 외치며 건물을 사고파는 것이 가능한 이유도 20대 초반부터 레버리지에 대한 개념을 익히고, 직접 실행해봤기 때문이다. 그렇게 1%대의 초저금리로 4억 원 상당의 기계를 구매했다. 내 돈은 거의 들지 않았다.

이때는 이게 대단한 발상인지도 몰랐다. 그저 컴퓨터를 좋아해서 인터넷을 많이 봤고, 중고나라에서 최대한 싸게 사는 법을 익혔으며, 자동차 동호회에서 돈과 관련된 이야기를 자주 들었기 때문에 자연스럽게 나온 선택이었다.

사람을 레버리지해야 하는 이유

꼭 돈에 목매며 살 필요는 없다. 다양한 경험을 해보길 권한다. 다만, 그 경험을 함께할 사람들이 중요하다. 가능하면 성공을 목표로 하는 사람들, 혹은 한 번이라도 성공을 경험해본 사람들과 어울려보는 것을 추천한다.

자동차 동호회에서 친해진 형이 있었다. 그는 정책자금 컨설턴트였다. 수수료를 받고 정책자금을 연결해 주는 일을 했다. 우리는 어떤 이해관계가 있었을까? 없었다. 그저 자동차라는 공통된 관심사로 뭉친 사람들이었다. 하지만 그는 성공하고 싶은 욕구가 있었기에 컨설턴트라는 영업직, 반 자영업의 길을 선택했을 것이고, 젊은 나이에 수입차를 타고 있었다는 건 그만큼 능력이 있다는 의미이기도 했다.

이해관계는 없었지만, 나는 그를 통해 정책자금이라는 분야를 알게 되었다. 자동차라는 취미를 즐기면서 자연스럽게 새로운 지식을 얻게 된 것이다. 그리고 그 결과는? 친해진 형이 나에게 수수료를 받지 않고 정책자금을 활용하는 방법을 알려주었다. 덕분에 나는 4억을 빌릴 수 있었고, 옆집 사장님이 월 140만 원을 이자로 낼 때 나는 35만 원만 냈다. 한 번의 인연으로 매달 100만 원을 절약하게 된 셈이다.

나는 자동차를 좋아했고, 내 능력보다 오버하는 차를 많이 사서 탔다. 주제 파악 못 하고 차에 돈을 쓰는 카푸어였다. 하지만 이 소비를 후회하지 않는다. 미니 쿠퍼를 타면서 정책자금 컨설턴트를 만나 돈을 절약할 수 있었고, 결국 26살에 포르쉐를 타며 강남에서 흔히 말하는 "금수저" 친구들을 만나게 되었다.

물론 그들 중에는 금수저만 있었던 게 아니었다. 사기꾼도 있었고, 자수성가한 멋진 친구들도 있었다. 그들과 어울리면서 나 또한 허세가 늘었고, 명품에도 관심을 가지기 시작했다. 하지만 더 중요한 건, 그들과의 경험이 나에게 더 많은 배움과 동기부여를 주었다는 점이다.

금수저 친구들을 만나면서 사회를 움직이는 사람들의 사고방식이 어떤지 알게 되었고, 만약 내가 사업 아이템을 구상한다면 그것을 서포트해 줄 수 있는 소중한 인맥도 얻을 수 있었다. 또한, 그들의 삶을 간접적으로 체험하면서 "나도 내 자녀에게 부를 물려줘야겠다."라는 생각이 들었고, 그것이 더 열심히 살아야겠다는 동기로 작용했다.

사람들은 흔히 "금수저는 세상 편하게 살겠지."라고 생각하지만, 실제로는 그렇지 않은 경우가 많다. 그들 또한 나름의 고충이 있다. 특히 부모님 세대에게 인정받기 위해 일반인보다 더 부단히 노력한다.

나는 한국의 TOP 상장사 오너의 아들과 친하게 지냈다. 단순히 자동차라는 공통 관심사 덕분이었다. 그는 아버지가 운영하는 회사에 들어가기 전, 여러 회사를 거치며 다양한 경험을 쌓았다. 가업이 제조업이었음에도 갑자기 금융사에 취직하더니, 새벽부터 밤늦게까지 일했다.

"넌 왜 그렇게까지 열심히 사냐?"라고 물었더니, 그는 이렇게 답했다.

"부모님에게 인정받기 위해서. 집안이 일궈온 걸 내 한 번의 실수로 날려버릴 순 없으니까."

어릴 때부터 부모님의 생활 습관을 보고 자란 그는 아침부터 밤늦게까지 일하는 것이 당연하다고 생각했다.

"우리 부모님도 그렇게 사셨고, 나도 그래야 하는 거 아니겠어?"

그들을 보면서, 나도 깨달았다. 금수저도 저렇게 사는데, 나는 무슨 이유로 게으를 수 있을까? 그들도 노력하는데, 나도 더 열심히 살아야겠다는 강한 동기부여가 되었다.

이렇게 사람은, 사람으로 성장한다. 하나라도 더 배워 더 성공하려고, 끊임없이 정보를 공유한다. 친해질수록 관계는 더욱 밀접해지고, 그렇게 서로를 밀어주며 함께 성장한다. 새로운 아이템으로 창업했다가 말아먹기도 하고, 또 성공하기도 한다. 과정이 재미있고 열정이 넘치는 사람들과 함께하면 내 자신도 자연스럽게 동기부여가 된다. 그렇게 만난 친구가 있다. 그리고 그 친구는 내 인생의 일부를 바꿔

놓았다.

최근에 내 인생을 바꿔준 두 사람의 이야기를 해볼까 한다.

빠르게 변화하는 시대에 발맞춰 가기 위해 건물 투자를 부업으로 하던 나는 새로운 사업으로 숙박업을 시작했고, 마케팅의 필요성을 절감했다. 그때 인스타그램을 열심히 운영했던 적이 있다. 이 부분은 열일곱 번째 리스크에서 자세히 다루겠지만, 대략 2024년 3월쯤이었다. 처음에는 그저 재미로 인스타그램을 운영했다. 그런데 내가 10년간 해왔던 투자 경험을 스토리로 올려 "돈"에 관한 이야기를 구체적으로 사람들에게 전달해보라는 조언을 해준 형이 있었다.

어떻게 보면, 이 책을 쓰게 된 계기도 그 형의 한마디 덕분이라고 할 수 있다. 나는 원래 숙박업에서 마케팅을 활용하려고만 했는데, 그 형은 나를 '브랜딩'이라는 더 큰 개념으로 확장시켜 주었다. 이후 '영끌남'이라는 인스타그램 계정은 단 3개월 만에 팔로워 6만 명을 모았다.

이 형과의 인연은 20대 때 자동차 카페에서 친목을 쌓으며 시작됐다. 그 또한 나만큼이나 열심히 사는 사람이었다. 하루를 여러 개로 쪼개며 철저한 효율성을 추구하던 사람이었다. 그러다 어느 순간 갑자기 사라졌다. 하지만 우리는 서로 연락하지 않았다. 폐관수련에 들어갔구나. 어차피 다시 나타날 것이다. 그리고 다시 등장할 때는 또 한 번의 도약을 이루었을 것이다. 그렇게 생각하며 기다렸고, 역시나 그는 어느 날 귀신같이 나타났다.

그렇게 긴 침묵을 깨고 돌아온 그는 나에게 브랜딩에 대한 조언을 해줬다. "현재 한국 시장에서 건물 투자에 대해 솔직하게 이야기하는 투자자는 없다. 네가 이 생태계에서 1등을 해봐라."

이 한마디는 마케팅적 측면에서 나에게 큰 충격을 주었다. 그리고 나는 그 조언을 받아들였다. 현재 그는 나의 사업적 멘토이자 파트너로 함께 성장하고 있다.

인간관계에서 가장 중요한 것은 의리와 신뢰다. 둘 다 그것을 보여줄 수 있는 관계라면, 함께 발전할 기회는 무궁무진하다는 것을 이때 확실히 깨달았다.

그렇게 브랜딩에 성공했다. 그리고 그다음으로 나에게 찾아온 소중한 인연은, 브랜딩 된 나의 가치를 한층 더 올려주는 역할을 해준 8년지기 친구였다.

이 친구와의 인연은 인스타그램에서 시작됐다. 같은 자동차라는 관심사를 공유하며 친해진 인친(인스타 친구)이었다. 둘 다 추구하는 방향성이 비슷했다. 나는 인천에 있었고, 친구는 전주에 있었지만, 지역이 멀어도 하는 행동이 비슷했다. 중고나라에서 장사를 했고, 게임 아이템을 거래하며 돈을 벌었다. 관심사도 비슷했고, 살아온 환경과 삶의 방식도 크게 다르지 않았다. 얼굴을 보지 않아도 서로의 인스타그램을 통해 내적 친밀감을 쌓아갔다.

그렇게 키보드 워리어였던 우리가 드디어 오프라인에서 만나게 됐다. 시작은 같았지만 세월이 흐른 후에는 전혀 다른 길을 걷고 있었다. 나는 부동산 투자와 제조업에 집중하고 있었고, 공장을 운영하며 건물을 매입하는 방식으로 자산을 증식하고 있었다. 반면, 친구는 온라인에서 자신만의 브랜드를 만들어 성공시켰고, 마케팅의 중요성을 누구보다 깊이 이해하고 있었다. 그는 공격적인 마케팅 전략을 통해 브랜드를 키운 뒤, 연매출 80억을 기록한 쇼핑몰을 매각했다.

비슷한 출발점에서 시작했지만 전혀 다른 방식으로 성장한 우리는 서로의 이야기에 흥분을 감추지 못했다. 처음 보는 아름다운 여자와 데이트하는 것보다 더 강렬한 흥분이었다. 그렇게 하루를 꼬박 함께하며 인사이트를 나눈 끝에, "서로의 강점을 살려 시너지를 내보자."는 결론을 내렸다.

부동산 하면 보통 사람들은 아파트 투자를 떠올린다. 건물 투자는 일반인, 특히 젊은 사람들에게는 너무나 생소하다. 왜일까? 젊은 나이에 건물 투자에 대한 정보를 배울 수 있는 환경이 없기 때문이다. 하지만 나는 30대 중반에 이미 10년의 투자 경력을 쌓은 건물 투자자였다. 단순한 투자가 아니라 내가 직접 취득한 건물을 운영하면서 시장을 배웠다.

여기에 이미 브랜딩이 구축된 나와, 공격적인 마케팅과 탄탄한 소프트웨어 구축에 강한 내 친구가 힘을 합쳤다.

엄청난 시너지가 날 것 같았다. 아니, 사실 엄청난 시너지가 나지 않더라도, 이 과정이 엄청나게 재미있을 것 같았다.

우리 둘 다 이미 본업이 있었고, 어느 정도 안정화된 시기였다. 하지만 우리는 새로운 도전을 갈망했고, 즉시 실행에 옮겼다. 우리가 기획한 프로젝트는 온라인과 오프라인을 결합하여, 젊은 사람들도 쉽게 건물 투자를 배울 수 있도록 돕는 교육 및 컨설팅 프로그램이었다.

결과는? 대성공이었다.

6개월 동안 진행한 세 번의 기수에서 총 47명의 건물주가 탄생했다. 그리고 한 번도 매진되지 않은 적이 없었다.

이 과정 속에서 또 한 번 느꼈다. 세상은 변하고 있고, 세상의 흐름에 맞춰 나 또한 변화해야 한다. 그렇지 않으면 뒤처질 수밖에 없다.

자수성가한 두 사람의 스타일은 완전히 달랐다. 스타일이 다르기 때문에 내가 처한 상황에서 해주는 조언도 달랐고, 나를 한 단계 더 높은 곳으로 이끌어줄 방법 또한 각기 다르게 제시했다. 이렇게 욕심 많고 자수성가한 사람들을 곁에 두어라. 그리고 다양하게 두어라. 하지만 그들을 곁에 두기 위해선 나 또한 그런 사람이 되어야 한다.

그리고 당신은 이미 충분한 자격을 갖췄다. 이 책을 펼쳐 여기까지 읽었다면? 그 자체로 충분하다. 그만큼 노력하고 있다는 뜻이니까. 지금 이 열정을 그대로 실행에 옮긴다면, 당신의 주변은 당신과 같은 사람들로 가득 찰 것이다. 그렇게 되면 당신이 한층 더 성장할 수 있는 기회를 자연스럽게 얻게 된다.

기회가 주어지지 않는 것만큼 슬픈 일은 없다. 기회조차 없다면 시도조차 할 수 없다. 하지만 기회가 왔다면? 망설이지 말고 잡아라. 만약 당신이 잡은 기회가 인생을 바꿀 동아줄이 아니라, 썩은 동아줄이었다면? 넘어질 수도 있겠지. 괜찮다. 지금의 열정이라면, 상처를 통해 위기를 극복하는 법을 배우게 될 것이다. 그리고 다음번 동아줄이 왔을 때 다시 넘어지지 않기 위해 또 다른 노력을 할 것이다. 그렇게 주변 사람들과 함께 성장하며 정상을 향해 나아가는 것이다.

한 번의 선택이 인생을 바꾼다. 하지만 한 번의 선택으로 인생이 바뀐 것처럼 보이는 사람들도, 결코 한 번의 시도만 했던 것이 아니다. 수십 번, 수백 번의 보이지 않는 시도 끝에 그 자리에 서게 된 것이다. 그들은 가끔 "운이 좋았다"고 말한다. 하지만 수십 번의 시도 끝에 맛본 성공이기에 그들 눈에는 그것이 운처럼 보일 수도 있다. 그러나 그것은 노력의 결과물이다.

망설이지 마라. 지금 당장 실천해라. 그리고 적절한 레버리지를 활용해 실천한다면?

진정한 부의 추월차선이 열릴 것이다.

얘기가 길어졌다. 다시 레버리지에 대한 부분으로 돌아와보자. 다른 공장 사장님들은 본인의 돈을 소비하며 은행에서 대출을 받아 높은 이자로 4억짜리 기계를 구매한다. 반면 나는 그들보다 3배 이상 저렴한 금리로 같은 금액을 나라에서 빌린다. 그리고 낮은 이자로 부담을 최소화한다.

여기서 끝이 아니다. 나는 1% 이자로 4억짜리 기계를 사는 반면, 옆집 사장님은 4% 이자로 같은 4억짜리 기계를 산다. 결과적으로 나는 같은 돈으로 기계를 3대 더 사서, 옆집 사장님보다 4배 높은 생산성을 확보할 수 있다.

예를 들어, 기계 한 대당 하루에 100개를 생산할 수 있다고 하자. 삼성전자 같은 대기업에서 하루 300개를 만들어 달라고 요청하면, 과연 옆집 사장님과 나 중 누구를 선택할까? 당연히 더 많은 생산 능력을 갖춘 나를 선택한다.

이것이 바로 레버리지Leverage의 효과다.

한 번의 레버리지 활용만으로도 경쟁력의 격차는 따라잡을 수 없을 정도로 벌어진다. 결국 나는 다양한 생산라인을 구축했고, 내가 운영하는 제조업 분야에서 한국에서 가장 큰 규모의 생산력을 갖춘 기업 중 하나로 성장했다.

이때 배웠던 레버리지의 효과를 부동산 투자에도 접목시켰다. 그 결과, 내 사업소득 외에도 투자소득이 자동으로 일을 하는 시스템을 만들 수 있었다.

모든 것은 '레버리지'라는 개념에서 시작되었다.

이 과정 속에서 나는 '돈'이라는 분야에서 함께 자유롭게 이야기하고, 정보를 공유하며 함께 성장하는 것이 중요하다는 사실을 깨달았다. 그래서 나를 필두로 비슷한 관심사를 가진 사람들과 꾸준히 커뮤니티를 운영하고 있다.

이 커뮤니티의 대상은, 한 번이라도 내 강의나 컨설팅을 통해 인연을 맺은 사람들이다. 하지만 중요한 건, 단순히 나와의 일대일 커뮤니케이션이 아니라, 그들끼리 정보 공유의 장을 만드는 것이다.

이 책을 읽고 있는 여러분도 마찬가지다. 적극적으로 정보를 공유하는 커뮤니티 안에 있다면, 인생을 바꿀 기회가 반드시 한 번 이상은 올 것이다.

일곱 번째 리스크는 "효율"이었다

내 역할은 자동화 기계를 조작하는 CNC 조작원이었고, 기계를 다룰 줄 아는 기술력 덕분에 고액 연봉자가 될 수 있었다. 여기서 만족하면? 직장인이었다. 하지만 나는 사업을 하고 싶었다.

그래서 레버리지를 활용해 자동화 기계를 매입했다. 하지만 아무리 자동화라 해도 사람의 손이 필요했다. 여기서 만족하면? 장사였다. 하지만 나는 사업을 원했다.

기계 한 대의 생산량이 100이라면, 나는 100 이상의 발주를 받아왔다. 제조업은 내가 일한 만큼 결과물이 바로 나왔고, 이는 암기력이 부족한 나에게는 너무나도 매력적인 일이었다. 공부는 열심히 해도 수능 당일 컨디션이 안 좋으면 결과가 달라질 수 있지만, 제조업은 한 만큼 보상이 확실했다. 그래서 밤을 새워가며 일했다.

생산량이 200에 도달했을 때, 기계를 한 대 더 추가했다. 이제는 밤을 새우지 않아도 됐다. 사람을 고용했다. 2대의 기계에서 2명의 직원이 200이라는 매출을 냈다. 그리고 기계를 더 사고 사람을 추가 고용했다.

기계가 1대일 때는 내가 일하지 않으면 매출이 0이었다. 하지만 기계가 4대가 되자, 나를 포함한 4명 중 내가 일하지 않아도 3대의 기계는 계속 돌아갔다. 생산성이 75%까지 올라갔다. 하지만 자동화 기계의 특성상 3명의 직원만으로도 4대의 기계를 100% 가동할 수 있었다.

그 순간 깨달았다. 이것이 바로 사업이다.

나는 더 이상 내가 직접 일하지 않아도 되는 시스템을 구축하는 데 성공했다. 이 시스템을 만드는 데 수년이 걸렸지만, 한번 구축하자, 내가 손을 떼도 자동으로 매출이 발생하는 구조가 만들어졌다.

1대의 기계만 있던 시절에는 내가 일하지 않으면 매출이 0이 되던 장사였다. 하지만 지금은 내가 일하지 않아도 회사의 매출에는 영향이 없었다.

그 순간, 머리를 세게 얻어맞은 듯한 충격을 받았다.

하지만 정말 중요한 건 여기서부터 시작된다.

보통 "사장"이라고 불리는 사람들은 여기서 돈과 시간의 여유가 생기면 한눈을 팔기 시작한다. 골프를 치러 다니고, 필요 없는 돈자랑을 하며 사치에 돈을 쓴다. 그간의 노력으로 만들어진 소중한 시간과 돈을 허무하게 소비하는 사람들을 나는 "소기업 사장님"이라고 부른다.

그럼 "사업가"는 무엇을 해야 하는가?

- 0에서 여기까지 끌어올린 내 사업장을 리스크 없이 안전하게 유지하는 것. 이 시스템이 고장 나지 않도록 끊임없이 개선하고 발전시키는 것.
- 산업의 변화에 맞춰 최신 기계를 도입하여 생산성을 높이고, 가격 경쟁력을 확보하는 것.
- 직원 복지 시스템을 마련해 근로자들의 사기를 북돋아주고, 인력 리스크를 최소화하는 것.
- 안정적인 매출이 나오더라도 언제까지 유지될 거란 안일한 생각을 버리고, 공격적으로 신규 거래처를 개척하는 것.

소중하게 얻은 시간은 내 사업체를 발전시키는 데 활용해야 한다. 부족한 부분을 찾아 메꾸는 만능 엔터테이너가 되는 것이 진정한 사업가의 역할이다.

지금 내 회사는 어느 정도 안정성을 찾았다. 모든 톱니바퀴가 조화롭게 돌아가고 있다. 하지만 내 마음은 늘 편치 않다. 대표자로서 신경 써야 할 부분들은 반드시 직접 체크한다.

법인세 자료를 직접 준비하고 검토하고, 국가 지원금 혜택 중 직원들이 놓치는 것이 없는지 확인하며 현장이 바쁠 때는 직접 야간근무를 하며 돕는다.

부가세, 카드 세액 공제 등을 꼼꼼히 검토해 새어나가는 돈이 없는지 확인한다.

명심하라. 사업가는 절대 현실에 안주해서는 안 된다.

여덟 번째 리스크는 "산업의 변화"였다

매출이 늘어나면 대표들은 생각한다. "이제 우리 회사는 안전해."

과연 그럴까? 절대 아니다.

매출이 증가하고 직원 수가 늘어나면, 회사가 돈을 더 벌 수도 있지만 동시에 리스크도 커진다. 왜냐? 매출이 늘어나면 매입 비용도 함께 증가하기 때문이다.

매달 나가는 직원들의 월급이 많아지고, 매입처에 결제해야 할 비용도 커진다. 게다가 대기업이나 몇 개의 대형 거래처에 대한 의존도가 높아진다.

실제로 연 매출 200억을 기록하던 한 제조업 공장이 있었다. 이 회사는 현대자동차의 하청업체로, 수동 변속기 부품을 생산하던 곳이었다. 하지만 자동 변속기(오토미션)의 도입으로 수동 변속기 시장이 급격히 축소되면서, 매출이 180억이 줄어 연 매출 20억 수준으로 추락했다.

문제는 200억 매출을 유지하기 위해 채용했던 직원들의 3개월 치 급여만 해도 20억을 넘어섰다는 점이다.

당연히 200억 규모의 매출을 목표로 시설 투자도 과감히 진행했을 것이고, 이는 결국 감당하기 어려운 이자 비용과 운영비로 이어졌다.

이처럼 사업을 크게 벌린 만큼, 산업 변화에 적응하지 못하면 망하는 속도도 급속도로 빨라진다.

이런 리스크를 고려하지 않으면?

결국 이 회사처럼 단 반년 만에 무너지는 상황을 맞이할 수밖에 없다.

나 또한 비슷한 위기를 경험했다.

2013년, 군대를 마치고 직장 생활을 시작하면서 기술을 배우던 시절, 스마트폰과 스마트 TV가 완전히 보급화되지 않았던 과도기였다. 산업의 구조가 변화하려는 순간이었다.

내가 배우던 기술은 폴더폰 관련 아이템이었다. 하지만 많은 사람들이 변화에 둔감했다. 고지식한 사업가들이나, 월급만 받으면 된다고 생각하는 기술직 직장인들은 여전히 폴더폰 아이템만 고집했다. 하지만 나는 과감하게 아이템을 변화시켰다. 세상은 계속 변한다.

같은 기계를 사용하더라도, 시장에서 필요로 하는 새로운 아이템을 개발하는 자가 승자가 된다.

나는 네모(폴더폰) 아이템을 개발하던 방식에서, 동그라미(스마트폰) 관련 아이템으로 빠르게 방향을 틀었다.

건물 투자도 마찬가지다. 시장의 흐름을 읽어야 한다.

한때 아파트가 아닌 부동산 투자에서는 원룸주택이 유행이었다. 하지만 규제가 심해지면서 상가주택으로 투자 트렌드가 이동했다. 그리고 현재는 꼬마빌딩 투자, 숙박업 건물 투자가 새로운 흐름이 되었다. 산업은 시시각각 변한다. 그리고 변화에 빠르게 적응하는 자만이 살아남는다. 변화의 속도는 점점 빨라지고 있다.

한때 사람들은 책보다 유튜브의 빠른 정보 전달에 환호했다. 하지만 이제는? 숏츠Shorts, 릴스Reels와 같은 더 짧고 핵심적인 영상 포맷이 요구된다.

이제 사람들은 직접 정보를 찾기보다 누군가가 대신 정답을 알려주길 원한다.

그리고 AI는 그 정답을 더 빠르게 제공하고 있다.

유행에 뒤처져서는 안 된다.

살아남기 위해서는 변화를 읽고, 끊임없이 움직여야 한다.

아홉 번째 리스크는 "독점과 과점"이었다

지금처럼 AI 대격변 시대가 오기 전에도, 이미 한국은 IT와 첨단 기술 사회로 변화하고 있었다. 스타트업과 온라인 사업 아이템들이 새롭게 등장했고, 한국의 뿌리 산업인 제조업의 입지는 점점 줄어들고 있었다.

그 이유는 간단하다. 경제가 발전할수록 국민들의 의식 수준이 높아지고, 사회가 보장해야 할 기본 권리들이 늘어나니 최저임금이 오르고, 세금 부담도 증가하기 때문이다.

제조업은 본질적으로 사람의 노동력을 필요로 하는 산업이기에, 인건비 상승은 곧 제품 단가 상승으로 이어진다.

하지만 대한민국 내에서 제조업 제품의 수요는 감소한다. 더 저렴한 인건비를 바탕으로 한 해외 제품들이 시장을 잠식하기 때문이다.

현재 온라인 시장에서 쿠팡이 빠른 배송과 자체 물류 시스템을 통해 한국을 지배하고 있지만, 테무와 알리바바가 진출하면서 쿠팡의 독점적 지위도 위태로워지는 것과 같은 원리다.

그래서 나는 탈출구가 필요했다.

한국에서 누구나 만들 수 있는 제품이 아니라, 아무나 만들 수 없는 제품을 만들어야 한다.

그렇게만 된다면, 가격 경쟁에서 자유로워질 수 있다.

나는 살아남기 위해 세계 시장에서 경쟁력을 갖춰야 했다.

그 경쟁력을 확보하기 위해 끊임없이 생산성 향상에 대해 연구했다.

매년 킨텍스에서 열리는 기계 박람회에 방문하며 산업의 변화를 체감했다.

내가 새롭게 택한 제품은 한국에서 누구나 만들 수 있는 제품이 아니었다.

경쟁력이 있는 제품이라면, 가격 경쟁에서 벗어날 수 있다.

그렇다면? 더 많은 제품을 생산해야 한다.

새로운 장비를 도입하고 생산 라인을 구축했다. 물론 여기서도 레버리지를 적극 활용했다.

하지만 소기업에서 생산 효율성을 극대화하는 일은 대표자의 노력 없이는 불가능했다.

나는 직접 장비를 사와 배우고, 수많은 시행착오를 겪으며 생산라인을 구축했다.

그 결과, 경쟁업체들이 만들지 못하는 제품을 우리 회사에서 만들기 시작했다.

이제 제품의 가격은 내가 부르는 게 값이었다.

단순히 경쟁업체보다 조금 더 잘하는 수준이 아니었다.

경쟁업체는 1개의 생산 라인에서 하루 5개 생산 가능했지만,

우리 회사는 1개의 생산 라인에서 하루 300개를 생산할 수 있었다.

시장 가격이 5만 원인 제품을 우리는 2만 5천 원에 판매하기 시작했다.

왜? 그래도 충분히 남으니까.

처음에는 경쟁업체들이 반발했다.

"시장 가격을 무너뜨리는 건 출혈 경쟁이다."

"덤핑하지 마라."

하지만 덤핑이 아니었다.

나는 최대한의 레버리지를 활용해 저렴한 비용으로 설비를 투자하고, 생산 공정을 혁신했다.

그 결과 2만 5천 원에 팔아도, 하루 750만 원의 매출을 기록할 수 있었다.

그들에게는 역마진이었지만, 나에게는 엄청난 마진이었다.

왜 그들은 투자하지 않았을까?

그들이 투자를 결심하고 생산라인을 구축했을 때는 이미 내가 시장을 장악한 뒤였다.

제조업의 특성상, 꽃배달이나 빨대처럼 다양한 고객을 상대하는 시장이 아니다.

즉, 한번 시장을 장악하면 경쟁자가 들어오기가 어렵다.

결국 경쟁업체들은 생산을 포기하고 도소매업자로 전향했다.

우리 회사에서 2만 5천 원에 제품을 사서, 5만 원에 되파는 방식이 더 수익성이 좋았기 때문이다.

처음에는 칼을 들고 달려들던 그들이, 이제 나에게 의존하게 되었다.

하지만 여기서 중요한 건, 그들이 평생 이렇게 2만 5천 원의 차액을 남기며 살 수 있겠느냐는 점이다. 위험성을 왜 인지하지 못할까?

예를 들어, 삼성전자는 우리 회사를 모르고 경쟁업체 A에서 5만 원에 제품을 구매했다.

하지만 경쟁업체 B가 삼성전자에 4만 원에 팔겠다고 제안했다.

삼성전자는 더 저렴한 B로 갈아탔다.

그러자 A는 더 이상 사업을 지속할 수 없게 됐다.

그렇다면 B는 괜찮을까?

아니다. 삼성전자는 결국 원가를 알아본 후, 우리 회사를 직접 찾아왔다.

그리고 2만 5천 원에 제품을 가져가기 시작했다. 이제 B의 시대도 끝났다.

여기까지 오면 '내 회사도 언제가는 같은 상황에 처하겠지?'라고 생각할 수도 있다.

아니다. 독점과 과점의 원리는 다르다.

나는 2만 5천 원이던 단가를 3만 5천 원으로 올렸다. 왜?

이제는 경쟁업체가 모두 사라졌기 때문이다. 이제 이 제품을 만들 수 있는 건 우리 회사뿐이다. 그렇게 영업이익률은 두 배로 증가했다.

규모의 경제와 독과점을 위해 레버리지를 잘 활용하는 것.

시대의 흐름에 맞춰 변화를 읽고 빠르게 대응하는 것.

이건 건물 투자나 사업이나 똑같다. 선점한 자가 승자가 된다.

열 번째 리스크는 인력 관리였다

어린 나이에 사업을 시작하면서 좋은 점도 있었다. 나보다 연장자인 대기업 과장에게 허리를 굽히는 것도 자연스러웠다. "형"이라고 부를 수도 있었고, 상대도 나를 좋게 봐줬다. 20대 중반이던 내게 60대 퇴직을 앞둔 거래처 이사님도 형이었다. 덕분에 일은 끊이지 않았다. 하지만 을의 입장에서 이런 관계는 유리했지만, 갑의 위치에서는 반대로 작용했다. 나보다 훨씬 나이 많은 직원을 두는 게 부담스러웠다. 아무것도 모르는 백지 같은 사람을 뽑아 처음부터 새롭게 길들이는 게 더 나을 것 같았다. "1+1=3"이라고 말해도 받아들일 수 있는 사람이 필요했다. 내가 운영하는 제조업은 강남 한복판 평당 2억이 넘는 곳에서는 불가능한 업종이었다. 하지만 젊은 인력, 특히 내가 운영하는 소기업에서 일할 인력을 지방에서는 구하기가 어려웠다. 무조건 수도권에서 공장을 운영해야 했다. 시골로 내려갈 수도 있지만, 그럴 바엔 강원도로 가서 미니쿠퍼 팝업스토어를 운영하는 게 낫지 않나? 나는 서울에 있을 거야. 이런 생각이 강했다. 공장을 서울에 둔다면 성수동, 그다음은 영등포 문래동 정도가 적당했다. 물론 토지

가격이 비싸 무리를 해야 가능했지만, 공장만 생각할 수는 없었다. 젊은 인력, 평생 같이 갈 사람을 내 곁에 두기 위한 방법을 고민했을 때 서울은 리스크가 너무 컸다. 나를 대신해 나처럼 일해줄 사람이 필요했고, 효율성을 위해선 권한을 위임해야 했다.

당신이 직장인이라면 소기업에 취직해라. 그리고 그 회사를 성장시키기 위해 열심히 일해라. 어차피 똑같은 월급을 받는데 왜 그렇게 열심히 해야 하냐고? 사장은 바보가 아니다. 당신이 열심히 하면 회사는 성장할 것이고, 매출이 늘고 직원이 늘어나면 그 인원과 매출을 관리할 사람이 필요하다. 자연스럽게 그 역할이 당신 몫이 될 것이다. 나에게도 회사에서 그런 사람이 있었다. 내가 처음 공장에 취직했을 때 나를 가르쳐준 사수가 있었다. 그는 회사에 진심이었고 마치 자기 회사처럼 일했다. 그래서 그에게 제안했다. "형, 내가 나가서 회사를 차릴 건데 같이 일하자. 지금 다니는 회사에 있으면 사장님의 자녀가 올 거야. 그럼 형은 사장님의 자녀 밑에서 조력자로 남게 되겠지. 하지만 내가 차린 회사에서는 형의 야망만 있다면 성장할 수 있어. 그 핵심에 형이 있으면 좋겠어. 지금 당장이 아니어도 괜찮아. 생각이 정리되면 연락 줘. 나는 형을 항상 고맙게 생각해. 의리는 지킬 거야." 그리고 2년 뒤, 그가 찾아왔다. 나는 두 팔 벌려 환영했다. 하지만 직원에게 이런 청사진만 제시하면, 목표까지 도달하는 시간이 서로 다를 경우 트러블이 생기기 마련이다. 최소한 직원이 나를 믿고 일한다는 느낌을 주면, 나도 그를 위해 보여줄 게 있어야 했다.

내 사람이라고 생각하는 직원은 단순한 상하관계가 아니라 사업 파트너이자 동반자로 여겨야 한다. 그래서 우리 회사는 일정 기간 근속하면 신혼집을 제공한다. 아이가 생기면 조금 더 넓은 집으로 이사할 수 있도록 지원한다. 이게 우리 회사의 복지다. 내 사업장 건물은 매입할 수 있지만, 직원들의 복지를 위한 월세나 전셋집까지 서울에서 얻어주기는 어려웠다. 그래서 서울과 가까운 공업도시인 부천에 공장 터를 정했다.

  그들이 나에게 믿음을 준 만큼 나도 그들에게 믿음을 준다. 그렇게 서로 신뢰 속에서 성장하는 것이다. 하지만 여기에도 안전장치를 걸어야 한다. 직원의 주거를 지원하는 것이 왜 안전장치일까? 직원 기숙사 비용은 비용 처리가 가능하다. 예를 들어 100만 원짜리 월세를 회사에서 내준다면, 100만 원 중 20만 원은 비용 처리할 수 있고, 실질적인 부담은 80만 원이다. 그런데 직원이 직접 월세 100만 원을 부담하려면, 급여 500만 원 기준으로 최소 130만 원을 더 받아야 세금 30만 원을 제하고 실수령액이 100만 원이 된다. 급여가 높아질수록 세금 부담은 더 커지기 때문에, 회사가 직접 주거를 지원하는 게 더 경제적이다. 그리고 중요한 점은, 만약 직원이 회사를 그만두면 주거 지원도 사라진다는 것이다. 강남 집값이 쉽게 떨어지지 않는 이유는 우리가 '주거'를 가장 마지막까지 유지하려 하기 때문이다. 사업이 망해도, 부모들은 자녀가 다니는 학교를 쉽게 바꾸지 않는다. 이게 현실이다. 이런 심리를 잘 이용하면 인력 관리에 대한 리스크를 현저히 줄일 수 있다. 초등학생 자녀를 둔 아버지를 채용하고, 집을 제공하며 월세를 지원한다면, 단순히 100만 원을 더 준다는 조건만으로는 쉽게 이직을 결정할 수 없을 것이다.

열한 번째 리스크는 부동산이었다

공장을 운영하다 보니 한계가 있었다. 설비 투자를 더 하고 싶어도 공간이 부족했다. 한정된 공간에서 매출은 한계가 있을 수밖에 없었다. 온라인 판매처럼 공간의 제약 없이 무한한 매출을 낼 수 있는 사업과 달리, 내가 운영하는 제조업은 기계 설비를 놓을 자리가 필요했고, 기계 한 대가 생산할 수 있는 양도 정해져 있었다. 결국 더 많은 매출을 내기 위해서는 기계 설비 도입이 필수였고, 기계를 놓을 공간을 마련하기 위해 더 큰 공장이 필요했다. 사업 확장을 위해 건물을 매수했다.

은행에서 낮은 금리로 대출을 받아 기계 장비를 매수했던 경험이 있었기 때문에, 부동산 매수도 크게 어렵거나 두려운 일이 아니었다. 기계 장비는 자동차처럼 시간이 지날수록 가치가 떨어지는 감가자산이다. 내가 사용할수록 자산의 가치는 점점 낮아지는 특성이 있다. 반면, 부동산은 매수하는 순간부터 시간이 지나면서 가치가 지속적으로 상승하는 투자 자산이었다. 그러니 더 큰 대출을 받아도 무서울

게 없었다. 한정된 공간에서 매출이 한정될 수밖에 없는 구조였다면, 확장을 위해 건물을 매수하는 것은 필연적이었다. 그리고 안정적인 현금 흐름이 있었기에 최대한 레버리지를 활용해 매수할 수 있었다.

10년이 지난 지금, 4억에 구매한 기계의 중고 가격은 2억으로 절반이나 감가되었지만, 10년 전 8억에 매수한 부동산의 현재 호가는 30억을 기록하고 있다. 하지만 그렇다고 해서 기계 장비를 매수한 것을 후회하지는 않는다. 오히려 기계를 도입해 안정적인 현금 흐름을 만들었기 때문에, 8억짜리 부동산을 매입하면서 부담해야 했던 이자 비용이 두렵지 않았다. 결국, 원활한 현금 흐름을 만들기 위한 감가자산 투자는 반드시 필요하다는 결론을 내렸다.

단순히 자동차 같은 소비재 자산이 아니라, 내 소득을 창출할 수 있는 감가자산 투자에는 어떤 것이 있을까? 식당을 운영한다면 초기 인테리어 비용과 주방 설비가 감가자산이 될 것이고, 파티룸·고시원·숙박업 등을 임차로 운영한다면 리모델링 비용이 감가자산에 해당할 것이다. 그렇다면 무조건 이런 업종을 창업해 현금 흐름을 만들면 돈을 벌 수 있을까? 아니다. 결국, 어떻게 운영하느냐에 따라 결과가 달라진다.

누군가는 교촌치킨 매장을 운영해도 망하지만, 누군가는 초기 투자금보다 더 높은 금액의 권리금을 받고 매장을 정리한다. 하지만 반대로, 적절한 권리금을 받지 못한 채 매장을 내놓아야 하거나, 장사가 안 돼서 어쩔 수 없이 폐업해야 하는 경우도 있다. 임대차 기간이 만료되면, 내가 투자한 인테리어 비용은 0원이 된다. 이런 리스크를 방지하려면 어떻게 해야 할까? 답은 간단하다. 내 건물에서 내가 사업을 운영하면 된다. 내가 원래 내던 월세만큼의 이자를 부담하며 버티면, 건물의 가치는 시장의 인플레이션을 따라 자연스럽게 상승한다. 게다가, 처음부터 저평가된 건물을 매수했다면? 일정 금액의 안전마진을 확보한 채 시작할 수 있다. 이것이 내가 건물 투자를 하는 이유이자 핵심 포인트다. 현재 가치보다 저평가된 건물을 매수해, 조금만 손봐서 더 나은 가치를 갖도록 만들고, 이를 알아보는 사람에게 시세대로 매각한다.

열두 번째 리스크는 외부 요인이었다

어느덧 20대 중반을 넘겼다. 일적인 이유로 기존에 거주하던 인천 송도신도시에서 서울과 가까운 광교신도시로 이사를 하게 되었고, 자연스럽게 서울, 특히 강남과의 거리가 가까워졌다. 서울을 오가며 사람들을 만나면서 환경이 달라졌고, 내가 살아왔던 인천과 부천에서는 만나볼 수 없었던 다양한 분야의 사람들을 접하게 되었다. 그러면서 깨달았다. "세상은 넓고 돈을 벌 수 있는 방법은 무궁무진하구나."

이후 자연스럽게 다양한 산업에 손을 대기 시작했다. 스타트업에 투자하고, 비트코인과 주식 같은 무형자산에도 투자했다. 쇠를 깎아

물건을 만들어 매출을 올리던 나는, 변동성이 심한 무형자산 시장에서 하루에도 적게는 수억, 많게는 수십억이 오가는 자산 흐름을 경험하면서 큰 충격을 받았다. 엄청난 돈을 벌 기회가 있는 동시에, 한순간에 모든 것을 잃을 수도 있는 환경이었다.

다행히 어느 순간 깨달았다. "이렇게 롤러코스터 같은 삶을 계속 살다 보면 극심한 스트레스를 받겠구나. 그리고 만약 잘못된 판단으로 인생 베팅을 했다가 실패하면, 내가 그동안 일궈온 공장마저 날릴 수도 있겠구나. 도박에 빠진 사람들이 패가망신하는 이유가 이런 기분 때문이구나." 내가 하던 본업이 있고, 꾸준한 현금흐름이 있기에 지금의 내가 존재하는 것이다. 내 본업은 박힌 돌이고, 투자 자산 시장은 굴러온 돌이었다. 그런데 굴러온 돌이 계속 박힌 돌을 치다 보면, 언젠가는 박힌 돌이 뽑히고 굴러온 돌마저 아래로 떨어질 수 있었다. 너무 위험했다.

그날로 서울을 떠나 다시 인천으로 돌아갔다. 지금도 비트코인, 주식, 암호화폐 거래 등 다양한 투자 자산에 손을 대고 있지만, 철저한 리스크 관리를 통해 투자 원칙을 지키고 있다. 만약 그때 이런 경험을 하지 못했다면, 지금 이 자리에서 책을 쓰고 있지 못했을지도 모른다. 선물거래와 마진거래에 빠져 내 자산 이상의 레버리지를 사용하면서 결국 공장까지 팔아버렸을 수도 있었다. 하지만 다행히 그러지 않았다. 그래서 지금도 살아남아 있고, 이 과정에서 얻은 깨달음에 감사한다.

암호화폐, 주식, 서울주택가격 변화그래프

○ 암호화폐_비트코인(월, 달러)   ○ 매매실거래가격지수(아파트)_서울(월)   ○ KOSPI_지수(월)

열세 번째 리스크는 대외적인 경제 상황이었다

월급을 받으면서 통장에 쌓이는 돈을 어떻게 굴릴지 고민하는 사람들이 많다. 그들에게 나는 부동산 투자만을 권하지 않는다. 자산에 대해 공부하라고 조언하면서, 자산 변화에는 순서가 있다고 강조한다. 내가 아무리 돈을 많이 가지고 있더라도 그 돈의 가치는 항상 변하고, 대외적인 상황에 따라 하락할 수도 있다. 예를 들어 현금 10억을 가지고 있다고 해도, 달러 가치가 상승하면 나의 10억 원은 상대적으로 가치를 잃는다. 자산이 늘어날수록 투자는 선택이 아니라 필수가 된다. 내 자산을 지키기 위해서라도 경제적 흐름을 읽을 수 있어야 한다.

그렇다면 자산의 변화는 어떻게 일어날까? IMF, 리먼 브라더스 사태, 경제 대공황, 코로나 팬데믹 같은 경제적 변동이 올 때 가장 먼저 반응하는 것은 암호화폐다. 과거와 달리 현재 암호화폐 시장의 주도권은 중국에서 미국으로 넘어간 상태이며, 특히 트럼프 대통령의 행보에 따라 미국이 이 시장을 더욱 장악할 가능성이 크다. 미국은 경제 대국이다. 전 세계 대부분의 자금이 미국을 중심으로 움직인다. 암호화폐는 이러한 경제적 변화에 가장 먼저 반응한다. 상승이든 하락이든 가장 먼저 움직인다. 그다음 주식 시장이 반응하고, 이후 부동산이 반응한다. 특히 한국 부동산 시장을 보면, 암호화폐와 주식의 변동성이 일정 부분 아파트 가격에 반영된다는 점을 알 수 있다. 그리고 아파트 가격이 상승한 후 마지막으로 반응하는 것이 상업용 부동산이다.

나도 성인이 된 이후 가장 강력한 자산 변동 시기를 경험했다. 바로 코로나 팬데믹이었다. 끊임없이 투자를 이어오던 나는 변동성이 심한 무형 자산(주식, 코인 등)에 상당한 비중을 두고 있었고, 그 변동성이 얼마나 큰 리스크를 초래할 수 있는지를 몸소 체감했다. 하지만 경제 흐름을 어느 정도 이해하고 있던 나는 금리 변동을 체크했고, 다행히 하락장에서 추가 매수를 통해 수익을 극대화할 수 있었다. 결국 더 큰 이익을 보고 빠져나올 수 있었지만, 주식과 코인으로 돈을 벌었다고 해서 이 무형 자산에 더 많은 투자를 지속하지는 않았다. 왜냐하면, 다시 한 번 비슷한 변동성이 찾아왔을 때 그 리스크를 감당할 자신이 없었기 때문이다. 결과적으로 돈은 벌었지만, 그 과정에서 받은 스트레스는 상상을 초월했다.

반면 부동산은? 일시적인 하락 후 다시 우상향했다. 나는 주식과 코인에서 얻은 수익을 실현한 후 추가적인 부동산 매수를 진행했고, 자산의 흐름을 읽고 있던 덕분에 저금리 기조가 끝나기 직전, 보유한 유형 자산의 대부분을 매도하면서 큰 수익을 올릴 수 있었다. 만약 한 가지 투자 방식만 공부했다면? 이런 방식의 투자는 불가능했을 것이다.

나는 현재 부동산 관련 인플루언서로 활동하며 다양한 투자 방법을 제시하고 있지만, 강의에서도 항상 강조하는 것이 있다. 절대로 한 가지 투자만 공부해서는 안 된다는 것이다. 경제의 흐름을 읽고 분산 투자를 해야 한다. 자산의 변동성은 절대로 동시에 일어나지 않는다. 순차적으로 일어나는 변화를 제대로 캐치할 수 있다면, 우리가 흔히 말하는 '10년에 한 번 오는 기회'에서 남들은 한 가지 자산에 투자해 겨우 빠져나오는 동안, 우리는 다양한 자산 변동을 활용해 순차적으로 매수와 매도를 반복함으로써 엄청난 부를 이룰 수 있다. 나 또한 그렇게 해왔다.

현재 나는 다양한 투자 전략을 이 책뿐만 아니라 '영끌남'이라는 유튜브 채널과 무료 세미나에서도 공개하고 있다. 직설적인 화법과 솔직한 설명 덕분에 구독자와 참여자가 꾸준히 늘어나고 있다. 다시 한 번 강조하지만, 절대로 '현금을 보유하고 있으면 내 자산이 안전하다'는 생각은 버려야 한다. 현금의 가치도 시장 변화에 따라 움직이기 때문이다.

열네 번째 리스크는 금리였다

"저는 대출도 없고 예금도 안 해요. 금리가 저한테 중요한가요?"라고 묻는 사람이 많다. 하지만 금리는 단순히 내가 내는 대출 이자나 받는 예금 이자보다 훨씬 더 중요한 역할을 한다. 금리 변화는 자산 가치 전체에 영향을 미친다. 예를 들어보겠다. 월 400만 원의 수익이 나는 건물이 있고, 은행 감정가가 10억 원이라고 하자. 이 건물을 현금으로 구매한다면 매월 4%의 수익을 가져갈 수 있다. 하지만 현재 금리가 높은 상황이라고 가정해 보자. 내가 이 건물을 구매하기 위해 은행에서 10억 원을 대출받아야 하는데, 금리가 5%라면 매달 400만 원의 이자를 내야 한다. 결국, 대출을 최대로 활용해 건물을 매수하면 매월 100만 원의 손실이 발생한다. 이 경우, 10억 원에 건물을 팔고 싶어 하는 건물주는 가격을 조정해야 한다. 가격을 8억 원으로 낮추면, 8억 원에 대한 5%의 대출 이자는 333만 원이므로, 일반적인 투자자들도 영끌을 고려할 수 있는 상황이 된다. 반면,

2020~2021년 코로나 저금리 시절에는 어땠을까? 같은 건물이 10억 원에 매물로 나왔고, 월세는 동일하게 400만 원이었다. 하지만 당시 은행 금리가 2%였기 때문에, 10억 원을 대출받아도 이자는 월 200만 원밖에 되지 않았다. 그러면 건물을 사도 월 200만 원이 남는다. 투자자들은 매수를 원할 수밖에 없다. 결국 매수자가 몰리면서 건물주는 가격을 올린다. 얼마까지 올려도 매매가 가능할까? 15억 원으로 올려도 금리가 2%라면 이자가 월 250만 원밖에 나오지 않는다. 건물 수익이 여전히 400만 원이므로, 15억 원에 매수해도 매달 150만 원의 순수익이 남는다. 실제로 이런 이유로 건물 가격이 급등했다. 결국 나는 고금리 시기에 8억 원에 매수한 건물을 17억 원에 매각했다. 경제 상황이 바뀌었고, 금리가 단 2% 차이 났을 뿐인데 같은 건물의 가격이 10억 원이나 차이 나게 된 것이다.

내가 근무하는 회사 앞 사거리 코너에 한 건물이 있었다. 누구나 탐낼 만한 입지였고, 현대자동차 전시장으로 사용되던 곳이었다. 2021년, 이 건물이 60억 원에 매물로 나왔다. 당시 건물주는 급하지 않았다. 하지만 2022년 중반이 되면서 금리가 급등하기 시작했다. 건물주는 70대 노인이었고, 이 건물에서 나오는 임대 소득 외에는 다른 수입이 없었다. 저금리 시절, 그는 아들 두 명에게 각각 집을 사주면서 주택담보대출 이자를 대신 내주었다. 당시 이자 부담은 월 200만 원 정도였고, 그는 건물에서 나오는 400만 원의 월세로 충분히 감당할 수 있었다. 그러나 금리가 상승하면서 아들들의 대출 이자가 월 350만 원으로 증가했고, 총 700만 원의 이자를 부담해야 하는 상황이 되었다. 문제는 여기서 끝이 아니었다. 2022년 말, 현대자동차가 전시장 계약을 해지하겠다고 통보했다. 세입자가 빠지면서, 건물주는 현대자동차에 10억 원의 보증금을 돌려줘야 했다. 하지만 그는 이 돈을 마련할 방법이 없었다. 은행에서도 세입자 퇴거 보증금을 대출해주지 않았다. 결국, 건물주는 급하게 건물 가격을 60억 원에서 50억 원으로 낮췄다. 하지만 2020년 당시 70억 원을 주고서라도 사고 싶다던 매수자들은 모두 사라졌다. 금리가 높아진 탓에 감당할 수 없는 부담이 된 것이다. 건물주는 어쩔 수 없이 5억 원을 추가로 낮췄다. 그렇게 45억 원이 된 당일, 나는 이 건물을 매수했다.

나는 왜 수익률이 고작 1%밖에 나오지 않는 건물을 주저 없이 매수했을까? 현대자동차의 퇴거가 건물주에게는 악재였지만, 나에게는 기회였다. 기존에 월세 400만 원을 내던 현대자동차가 빠진 공간을 내가 새로운 세입자로 채우면, 수익률을 극대화할 수 있는 여지가 생겼다. 충분히 시장 조사를 해본 결과, 이 자리에서 월세 2,000만 원을 받을 수 있다는 확신이 있었다. 결국 나는 프롤로그에서 언급한 대로 새로운 세입자를 맞춰 월세를 2,000만 원으로 설정했다. 내가 이 건물을 매수할 때, 사람들은 나에게 미쳤다고 말했다. "지금 같은 고금리 시대에 건물을 왜 사나?", "현대자동차가 나가면 공실 나서 망하는 거 아니야?"라며 걱정했다. 하지만 지금은 다들 그 건물을 사고 싶어 한다. 처음에 나에게 충고하던 사람들은 결국 아무것도 하지 않았다.

이 책을 읽는 독자들에게 꼭 하고 싶은 말이 있다. 아무것도 하지 않으면, 아무 일도 일어나지 않는다. 남들과 똑같이 살면서 남들보다 부자가 될 수는 없다. 일단 실행해라. 고민만 하다 보면 끝없이 뒤로 밀려날 뿐이다. 실행하고, 주변에 알려라. "나는 이런 걸 할 거야"라고 주변에 이야기하면, 말만 앞서는 사람이 되고 싶지 않다는 심리가 작용해 더욱 빠르게 실천하게 된다. 그것이 사업이든, 공부든, 투자든 무엇이든 간에 말이다. 다시 한번 강조하지만, 아무것도 하지 않으면 아무 일도 일어나지 않는다.

열다섯 번째 리스크는 "부동산 트렌드 변화"였다

기존에는 부동산 시장이 금리에 따라 단순하게 움직였다. 금리가 낮으면 건물 가격이 끝없이 상승했고, 금리가 높아지면 급매물이 쏟아졌다. 하지만 2020년대 이후 이러한 흐름이 깨지기 시작했다. 이유는 단기간에 급격한 금리 변동이 있었기 때문이다. 내 친구의 사례를 들어보겠다. 2018년, 그는 10억 원에 건물을 매수했다. 2021년, 부동산 시장이 고점을 찍었을 때 누군가가 20억 원에 사겠다고 제안했다. 당시 금리가 낮았고, 그 덕분에 이자를 부담하는 것이 충분히 가능했기 때문에 매수 의향자가 많았다. 하지만 친구는 팔지 않았다.

이후 2024년, 부동산 경기가 얼어붙자 또 다른 사람이 15억 원에 팔 생각이 없냐고 물었다. 하지만 그는 여전히 팔지 않았다. 왜냐하면, 10억 원에 산 건물에서 20억 원의 매수 제안을 받았던 경험이 있기 때문이다. 비록 지금 시장 상황이 변하고 금리가 올랐어도, 그는 이미 대출이 10억 원밖에 되지 않았기 때문에 이자 부담이 크지 않았다. 그래서 급하지 않다면 군이 손해를 보면서 팔 이유가 없었다.

그렇다면 누가 건물을 팔아야 할까? 바로 2021년~2022년 부동산 고점에 낮은 금리를 보고 덜컥 매수한 사람들이다. 그들은 내 친구와 같은 건물을 20억 원에 샀을 것이다. 당시에는 저금리 덕분에 이자를 감당할 수 있었겠지만, 지금은 금리가 두 배 이상 오르면서 상황이 달라졌다. 세입자가 내는 월세로 이자를 감당할 수 없는 경우가 생긴다. 그렇다면 이런 건물이 시장에 나올 거라고 기대할 수 있다. 하지만 실제로 내가 시장을 조사해 본 결과, 그런 물건은 예상보다 많지 않았다. 눈을 씻고 찾아봐도 정말 드물었다. 이유는 무엇일까?

2021년 고점에서 매수한 사람들도 나름의 전략을 가지고 매입을 했기 때문이다. 그들은 공실이 생겼을 때 이자를 낼 수 있도록 1~2년 치의 비상 자금을 확보했거나, 이자가 오르더라도 본인의 소득에서 충당할 수 있을 만큼의 여유 자금을 마련해두었다. 부동산은 주식보다 시장 흐름이 느리다. 따라서 부동산 매수자들은 장기적인 관점을 가지고 투자한다. "이 기간만 버티면 결국 시장이 다시 상승할 거야"라는 기대감을 가지고 있기 때문에, 당장 이자가 올랐다고 해서 급하게 손절하지 않는다. 하지만 문제는 강제적으로 건물을 팔아야 하는 순간이 언제 오느냐는 것이다. 정답은 "경매에 넘어가기 직전" 이다.

그렇다면 건물이 경매에 넘어가는 시점은 언제일까? 보통 건물을 매수할 때 은행에서 대출을 받을 때는 3년 동안 이자만 납부하는 구조로 설정된다. 즉, 3년 동안은 적자가 나더라도 매달 이자만 납부하면 은행에서 원금 상환을 요구하지 않는다. 하지만 건물을 법인 명의로 매수한 경우에는 상황이 다르다. 법인의 신용도가 낮아지면 은행에서 원금 일부를 상환하라고 요구할 수 있다. "나는 이자를 성실히 납부하고 있는데 왜 신용도가 떨어지나요?"라고 반문할 수 있다. 이유는 간단하다. 이자는 내가 사비를 들여 내고 있지만, 건물을 매수한 법인은 새로 설립된 것이기 때문에 재무제표상으로는 매달 적자가 발생한다. 월세 수익보다 대출 이자 지출이 크다면, 법인은 신용이 낮아질 수밖에 없다. 그렇다면 이 상황이 본격적으로 문제가 되는 시점은 언제일까? 바로 대출을 받은 지 3년이 되는 순간이다.

즉, 2021년~2022년 부동산 고점에서 매수한 사람들은 지금 힘들어하고 있지만, 본격적인 위기는 아직 오지 않았다. 가장 극심한 위기는 언제 올까? 2021년에 매수한 사람들은 2024년 말이, 2022년에 매수한 사람들은 2025년 말이 될 것이다. 그래서 2023년 금리가 급등했음에도 불구하고 시장에는 살 만한 건물이 많지 않았다. 다들 3년간 버틸 수 있을 만큼의 자금을 마련해두었기 때문이다. 하지만 나는 이런 상황에서도 희귀한 급매물을 찾아냈다. 2022년 말, 부천에 위치한 한 건물은 고금리 리스크와 상속세 부담, 반전세 세입자의 퇴거라는 세 가지 요인이 겹쳐져 매물로 나왔다. 시장에서는 찾기 힘든 물건이었지만, 나는 철저한 분석 끝에 이 기회를 놓치지 않았다.

업종·기간별 휴·폐업률 현황

(단위: %)

구분	1년 미만(누적)	3년 미만(누적)	총 폐업률
주점 및 유흥업	26.4	62.0	88.7
정보통신업	23.4	56.1	84.7
음식점	20.2	52.2	81.7
의류 및 잡화점	22.2	53.6	79.1
스포츠 및 오락	18.0	46.0	78.5
전자제품 판매	16.8	44.8	75.7
학원 및 교육업	11.4	36.6	75.3
숙박업	16.4	41.6	73.0
폐업률	18.5	46.9	75.4

*2002~2011년 총 10년간 KB국민카드 가맹점 자료 기준

출처: KB국민카드

열여섯 번째 리스크는 "부동산을 위한 사업 시작"이었다

2020년부터 저금리 기조가 지속되면서 부동산 가격이 상승했다.

덕분에 내가 보유한 자산의 가치도 꾸준히 올랐고, 고평가된 부동산을 매각해 차익을 실현할 기회를 고려했다. 하지만 남들처럼 비싸게 사는 것은 싫었다. 경제의 흐름을 보면 분명 언젠가 금리는 다시 오를 것이고, 그때가 되면 지금 매수한 건물의 가치는 하락할 게 뻔했다. 그렇다면 남들보다 싸게 사야 한다. 문제는 그런 매물이 거의 보이지 않는다는 것이었다. 하지만 통장에 있는 돈을 놀릴 수는 없었다. 시간이 흐르고 금리가 점점 올라갔다. 그런데도 부동산 매매가는 높아진 금리를 즉각 반영해 떨어지지 않았다. 매매가가 높아진 상황에서 나오는 임대 수익률은 은행 이자보다 낮은 경우가 많았다. 임대료는 고정돼 있는데 금리가 상승하니, 내가 추구하던 "영끌 투자" 방식의 메리트가 점점 사라졌다. 그렇다고 투자를 포기하고 싶지는 않았다.

이 돌파구를 찾기 위해 고민을 거듭했지만, 주변 누구도 답을 알려주지 않았다. 다들 시장이 금리를 반영할 때까지 2024년, 2025년을 기다리라고만 했다. 하지만 나는 기다리는 성격이 아니었다. 그러던 중, 신문에서 자영업자의 폐업률에 대한 기사를 접했다. 나는 항상 트렌드를 따라가야 한다고 생각한다. 연도별 폐업률을 살펴보니, 폐업률이 가장 낮은 업종은 숙박업이었다. 폐업률이 낮다는 것은 사업의 안정성이 높다는 의미이며, 유행과 변화에 크게 영향을 받지 않는다는 뜻이다. 이것이 내가 몸담았던 제조업과 다르지 않다고 느꼈다. 제조업도 트렌드에 민감하지 않고, 갑작스러운 변화에 쉽게 휘둘리지 않는다. 가끔 스마트폰이나 전기차의 등장처럼 산업 전반을 뒤흔드는 변화가 있지만, 이는 5~10년에 한 번씩 일어나는 자연스러운 흐름일 뿐이다. 내가 익숙한 제조업과 유사하다고 생각하니, 숙박업에 관심이 생겼다.

경기도의 인천 남동공단, 안산 반월공단, 시흥 시화공단의 토지가격은 현재 평당 1,000만 원을 호가한다. 공장을 소유한 사장님들은 부동산 투자를 목적으로 땅을 매입한 것이 아니다. 그저 본인의 사업을 운영하기 위해 선택한 결과, 시간이 지나며 자연스럽게 자산 가치가 상승한 것이다. 숙박업도 마찬가지였다. 토지 가치가 있는 핵심 지역에서 숙박업을 운영하면 시간이 흐를수록 토지 가치는 상승할 것이다. 그렇다면 100% 레버리지를 활용해도 사업 소득으로 충분히 이자 감당이 가능할까? 가능했다. 제조업과 너무 비슷한 구조였다. 다른 점이라면, 제조업은 지속적인 연구 개발과 인력 관리가 필수적이지만, 숙박업은 한 번 세팅만 해두면 반자동화가 가능한 업종이라는 점이었다. 임대업보다 약간의 추가 노력이 필요하지만, 부업으로 운영하기에는 충분히 매력적이었다. 고민할 필요도 없이 바로 시작했다. 투자 기회를 찾던 내게 고금리에 대한 해결책을 제시해준 소중한 아이템이었다. 바로 숙박업이었다.

숙박업이 폐업률이 낮다는 점에서 사업 지속성이 높다는 점을 확인했고, 이 업종을 운영하는 사람들의 평균 연령이 높다는 점에서 내가 조금만 잘하면 충분히 경쟁력을 가질 수 있다는 확신이 들었다.

하지만 숙박업은 부동산 투자 관점에서 가장 신중하게 접근해야 하는 분야였다. 부동산 난이도를 나눠보자면, 아파트 → 상가 → 통건물 → 숙박업 건물 순이었다. 아파트 투자는 주변 시세가 정해져 있기 때문에 같은 단지 내 저렴한 매물을 찾으면 된다. 구분 상가는 현재 수익률과 미래 예상 수익률을 계산해 주변 시세 대비 저렴한 매물을 찾으면 된다. 근린생활시설 같은 통건물은 아파트보다 모수가 적어 조사해야 할 변수가 많다. 건물 형태에 따라 가치를 평가하고, 토지가격과 세입자의 임대 수익률을 고려해야 한다. 하지만 숙박업은 차원이 달랐다. 근린생활시설과 달리 배관 공사, 내부 공사 비용을 포함해 사업 운영에 필요한 모든 비용을 계산해야 했다. 나중에 매각할 때 이 비용을 회수할 수 있을지도 철저히 검토해야 했다. 숙박업 투자는 단순한 부동산 투자뿐만 아니라 사업 운영까지 함께 고려해야 하는 고난이도 영역이었다. 하지만 쉬운 사업이라면 누구나 했을 것이고, 그런 아이템은 돈이 되지 않는다.

나는 이미 사업 경험도 있고 부동산 투자도 해봤기 때문에 주저하지 않았다. 다만 한 번에 모든 걸 하려 하지는 않았다. 단계별로 접근해야 한다. 하지만 준비만 하다가 시간을 허비하면 아무것도 이뤄지지 않는다. 나는 보통 일이 생기면 미루지 않는다. 숙박업도 마찬가지였다. 바로 저평가된 물건을 찾기 시작했다. 그리고 2022년처럼 "어쩔 수 없이" 매각해야 하는 사연 있는 물건을 찾았다. 그렇게 영흥도에서 급매로 나온 물건을 발견했고, 내 자본 1억 원에 10억 원의 대출을 받아 총 11억 원에 매수했다.

인수하기 이전 펜션 예약률 30% 초록색 빈방, 빨간색 검정색 만실

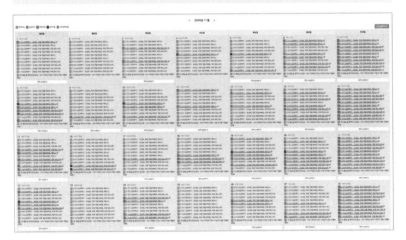

인수한 이후 펜션 예약률 95% 초록색 빈방, 빨간색 검정색 만실

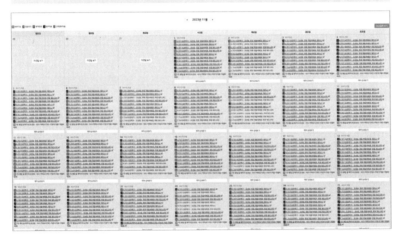

열일곱 번째 리스크는 "마케팅"이었다

　부동산 차익을 극대화하기 위해 숙박업을 시작했고, 대출 부담을 줄이기 위해서는 가능한 많은 방을 손님들에게 판매해 만실을 채우는 것이 가장 중요했다. 기존 예약률을 살펴보니 30%에 불과했다. 하지만 그만큼 매출을 끌어올릴 여지가 있다는 뜻이기도 했다. "마케팅만 잘하면 문제없겠지?"라고 생각하며 국내 1위 숙박 예약 플랫폼인 야놀자와 여기어때에 우리 펜션을 등록했다. 플랫폼에 등록하는 순간 예약이 미친 듯이 들어올 것이라 기대했지만 결과는 처참했다. 예약이 거의 들어오지 않았다.

　"뭐지? 내가 센스가 있다고 생각했는데, 지방에서 숙박업을 운영하는 다른 펜션 사장님들보다 더 잘할 줄 알았는데…" 하지만 현실은 달랐다. 건물에 투자할 때도 철저한 공부가 필요하듯, 마케팅도 마찬가지였다. 야놀자와 여기어때는 단순한 예약 플랫폼이 아니라, 플랫폼 수수료를 받아 수익을 창출하는 기업이다. 그렇다면 이들 플랫폼에서 더 많이 노출되고, 상위에 올라가기 위해서는 광고비를 투자해야 했다. 그제야 감이 왔다.

　이때부터 야놀자와 여기어때 담당자들과 친해지기 시작했다. 마케팅도 사람이 하는 일이다. 담당자들이 어떤 점을 좋아할지, 어떻게 하면 나를 다른 펜션 사장들보다 더 우호적으로 대할지를 고민했다. 플랫폼에서 근무하는 직원들은 두 부류로 나뉘었다. 한쪽은 월급만 받는 일반 직원들이고, 다른 한쪽은 프리랜서 형태로, 내가 지출하는 광고비와 매출에 따라 일정 부분 추가 수익을 얻는 영업직 직원들이었다.

나는 이 두 그룹을 다르게 응대했다. 일반 직원들에게는 숙소 변경 사항을 요청할 때마다 스타벅스 기프티콘을 선물로 보냈다. 처음에는 "규정상 어렵습니다"라고 거절하던 것도, 시간이 지나고 친해지면서 "이번만 해드릴게요. 다른 분들께는 말씀하시면 안 됩니다"로 바뀌었다. 영업직 담당자들에게는 우리 펜션의 성장 가능성에 대해 이야기했다. 그리고 내가 엄청난 마케팅 전문가인 것처럼 과장했다. "우리 펜션은 광고만 잘 세팅하면 전국 1위를 할 수 있어요. 광고 비용을 효율적으로 운용하면 충분히 가능합니다. 같이 한번 가보시죠. 원하는 방식대로 다 따르겠습니다."

내가 모르는 분야에 뛰어들 때는 항상 저자세로 접근해야 한다. 현업에서 뛰고 있는 플레이어들에게 잘 보여야 배울 것이 많아진다. 하지만 그들도 우리 펜션의 담당자였다. 우리 펜션의 광고비와 매출이 늘어나면 그들의 수익도 증가하는 구조였기에, 결국 이해관계가 맞아떨어졌다. 젊고 빠르게 움직일 수 있었던 점도 큰 장점이었다.

한 달 동안 집중적으로 광고 세팅을 진행한 결과, 플랫폼 내 전국 펜션 통합 매출 5위에 도달했다. 이제 플랫폼은 자동으로 돌아갔다. 마케팅을 전혀 몰랐던 나도, 단 한 달 만에 전국 5위까지 올라올 수 있었다. 필요한 것은 노력과 끊임없는 시도뿐이었다. 이런 마케팅 노하우도 내가 가끔 진행하는 무료 강의에서 모두 공개하고 있다. 마케팅과 숙박업 예약률 향상에 관심이 있다면 내 유튜브 채널을 구독하면 많은 도움이 될 것이다.

야놀자와 여기어때를 장악하면서 10억을 빌려 시작한 펜션의 대출 이자는 충분히 감당할 수 있었다. 하지만 나는 거기서 멈추지 않았다. 내 목표는 만실이었다. 만실을 위해 다음으로 공략한 플랫폼은 네이버였다.

야놀자와 여기어때는 숙박업 플랫폼이라 일정 비용을 지불하고 광고를 잘 설계하면 이후에는 자동으로 돌아가는 구조였다. 하지만 네이버는 달랐다. 네이버는 소상공인 지원 정책을 이유로 숙박업에 한해서는 비용을 받아 광고 순위를 올려주지 않았다. 트래픽과 내 펜션의 네이버 충성도(예를 들면 클릭률, 체류 시간, 리뷰 수 등)를 기준으로 순위가 결정됐다. 광고비를 내도 순위를 올려주지 않는다는 사실이 마케팅 세계에서는 오히려 신선한 충격이었다.

하지만 내 목표는 확실했다. 내가 운영하는 펜션은 인천 영흥도에 위치해 있었고, 반드시 만실을 만들어야 했다. 그러려면 네이버에서 내 펜션이 1등에 올라야 했다. "못할 게 뭐 있냐? 해보자." 그렇게 도전했다.

처음 내 펜션의 네이버 순위는 383등이었다. 그러나 단 한 달 만에 3위까지 끌어올렸다. 순위를 올리기 위해 다양한 마케팅 방법을 실험했고, 그 과정에서 네이버가 원하는 알고리즘을 하나둘씩 파악했다. 다행히도 내 경쟁 상대인 다른 펜션들은 마케팅을 거의 하지 않거나, 단순히 비용을 지불하고 외주 업체에 맡기는 정도였다. 숙박 업주들이 직접 네이버 알고리즘을 연구하거나 체계적으로 관리하는 경우는 많지 않았기 때문에, 나는 상대적으로 빠르게 상위권으로 올라갈 수 있었다.

네이버 플레이스 영흥도펜션 1페이지

만약 경쟁 상대가 강남 맛집이었다면? 아마 훨씬 어려웠을 것이다. 하지만 내가 공략한 시장은 숙박업이었고, 네이버에서 숙박업은 아

직 체계적인 마케팅 전략을 활용하는 곳이 드물었다. 결국, 시장의 틈을 빠르게 파악하고 그에 맞는 전략을 실행한 것이 순위를 단기간에 올리는 핵심이 되었다.

영흥도 펜션을 검색하면 내가 운영하는 벼리유스테이가 노출되도록 네이버 최적화까지 마무리했다. 이제 네이버도 정복. 그다음 단계는 TOP3(야놀자, 여기어때, 네이버) 아래의 마이너한 플랫폼까지 확장하는 것이었다.

업계에서 어느 정도 인지도가 있는 구공스테이와 협업을 시작했다. 구공스테이는 기존에 다른 숙박 플랫폼과

병행 운영을 금지하고 있었지만, 우리는 처음으로 그 규율을 깨고 야놀자, 여기어때, 네이버와 동시에 운영하는 최초의 숙소가 되었다. 이런 협의 과정을 거치며 구공스테이 대표와 지속적으로 소통했고, 현재도 좋은 인맥으로 발전하여 주기적으로 안부를 주고받는 사이가 되었다.

제조업을 운영하던 나는 이런 "협업"이라는 개념이 신선하게 다가왔다. 제조업은 생각보다 폐쇄적인 업계다. 기술을 외부에 공유하는 걸 극도로 꺼리고, 협업보다는 독립적인 경쟁이 중심이 된다. 하지만 소비자를 직접 상대하는 업종에서는 협업이 필수적이었고, 마케팅이

무엇보다 중요했다.

그렇게 한 발 더 나아가 에어비앤비에도 입점했다. 해외 관광객과도 연결될 수 있는 채널을 확장하며, 만실을 목표로 더욱 공격적으로 움직였다. 하지만 여기서 멈추지 않았다. 마케팅을 극대화하고 더 많은 고객을 유입하기 위해 추가적인 전략을 실행했다.

네이버 스마트스토어, 중고나라, 와디즈 펀딩한 회원권

인간의 욕심은 끝이 없고, 마케팅은 너무 재미있었다. 파고들수록 더 많은 채널에서 판매할 수 있는 구조가 나에겐 혁신처럼 느껴졌다. 그래서 회원권을 만들어 네이버 스마트스토어에 올렸다. 우리가 흔히 보는 기법, 일단 비싼 가격에 올려두고 할인하는 척하는 방식으로 진행했다. 결과는 대참패.

스마트스토어에 사람이 들어오질 않았다. 단순히 상품을 올려놓는다고 판매가 이루어지는 게 아니었다. 스마트스토어에서의 구매 전환율을 높이기 위해서는 철저한 검색 최적화, 광고 운영, 리뷰 마케팅이 필요했다. "이 부분도 공부해서 팔아볼까?" 고민하다가 방향을 틀었다. 더 현실적인 판매 방식을 찾기로 했다. 스마트스토어에는 비싸게 올려두고, 중고나라와 당근마켓에서 저렴하게 판매하는 전략을 사용했다. 마치 원래 엄청 비싼 상품인데, 내가 샀고 특별 할인가로 내놓은 것처럼 보이게끔. 소비자들은 개별 단가를 계산하지 않고, "이건 원래 비싼데, 지금은 싸게 살 수 있는 기회"라고 인식했다. 결과는 대성공. 100장 이상 판매하며 저조했던 평일 예약률을 채웠다.

하지만 여기서 멈추지 않았다. 더 효율적인 판매 방식을 고민하다가, 와디즈 펀딩을 알게 되었다. "고객을 대상으로 펀딩을 한다?" 새로운 방식이었고, 바로 실행했다. 결과는 기대만큼 대박은 아니었지만, 충분한 배움이 있었다. 와디즈에서 소비자들이 어떤 스토리에 반응하는지, 어떤 가격 정책이 효과적인지, 브랜드를 키우기 위해 필요한 것은 무엇인지를 체험할 수 있었다. 단순히 '객실 예약'을 넘어, 경험을 판매하는 방식을 배우게 된 것이다. 숙박업도 결국 "단순한 숙박 제공이 아니라, 감성적인 이야기와 마케팅이 결합된 상품을 만들어야 한다"는 사실을 깨달았다.

다양한 대외활동을 통한 마케팅

결국 모든 비즈니스는 마케팅 싸움. 팔리는 구조를 이해하면, 어디든 적용할 수 있었다.

돈을 들이지 않아도 머리만 잘 굴리면 매출을 올릴 방법은 무궁무진했다. 이후 펜션을 홍보하기 위해 할 수 있는 모든 방법을 시도해 보았다. 그러나 문제는 시간 대비 효율이 낮았다.

"인풋 대비 아웃풋이 높은 채널이 필요하다."

최대한 많은 사용자가 있는 플랫폼일수록, 노력 대비 효과가 클 것이라는 결론에 도달했다. 그래서 사람들이 음식점을 하면 네이버 플레이스 1페이지에 들어가려고 목숨을 거는구나 싶었다.

"네이버 같은 강력한 플랫폼을 찾자."

가장 먼저 떠오른 것은 유튜브. 트래픽이 어마어마했으니까. 하지만 막상 시작하려니 영상 촬영과 편집이 너무나도 많은 시간을 잡아먹었다. 유튜버들이 정말 대단하다는 걸 깨달았다.

그러던 중 "숏츠"는 상대적으로 쉽게 만들 수 있겠다는 생각이 들었다. 그래서 파보기로 했다.

처음에는 조회수가 잘 나왔다. 하지만 시간이 지나면서 조회수가 점점 줄어들었다. "왜?" 원인을 분석해보니, 유튜브 알고리즘이 얼굴이나 음성이 없는 영상은 '저품질 콘텐츠'로 인식해 노출을 제한한다는 사실을 알게 되었다.

그렇다면 저품질 영상도 쉽게 만들면서, 소비자와 더 편하게 소통할 수 있는 플랫폼은 없을까?

그 결과, 인스타그램까지 오게 되었다.

그리고 이 인스타그램은, 내 인생을 완전히 바꿔놓는다.

처음 펜션을 시작하고 만든 인스타그램 계정

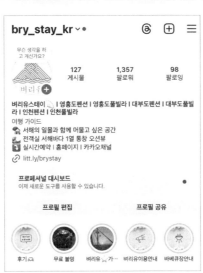

인스타그램도 점령해 보자! 야놀자, 여기어때, 네이버, 에어비앤비, 와디즈, 중고나라, 당근마켓까지 다 정복했는데 인스타그램이라고 못할 게 뭐가 있겠어? 당당하게 인플루언서 시장에 뛰어들어 도전장을 내밀었다. 그런데 문제는 벌려둔 일이 너무 많았다. 공장 운영, 노후 건물 관리, 누수 체크, 대출 이자 확인, 임대 관리, 숙박업 시설 관리… 해야 할 일이 끝이 없었다. 좋아, 인스타그램은 직원에게 맡기자. 가장 중요한 임무를 너에게 주겠다! 펜션 운영을 돕던 직원에게 인스타그램의 전반적인 운영 권한을 넘겨주었다. "일단 팔로워만 늘려와! 우리도 '인플루언서 펜션'이 되어 예약률 100%를 채워보자! 파이팅!" 하지만 팔로워 늘리기는 생각보다 순탄치 않았다. 나름 열심히 영상도 찍고 "우리 펜션 좋아요! 놀러 오세요! 많은 혜택 드려요~" 하고 홍보했지만, 사람들은 영상을 보기만 할 뿐 팔로우를 하지 않았다. "문제가 뭘까?" "영상 퀄리티가 부족해서인가? 직원이 마케팅을 못하는 건가?" 직원을 불러서 크게 꾸짖었다. "내가 야놀자도, 여기어때도, 네이버도, 모든 플랫폼을 점령했어. 근데 너한테 인스타그램을 맡긴 이유는 내가 모든 걸 컨트롤할 수 없기 때문이야. 믿었는데 가져온 결과가 고작 이거야? 실망이야. 하지만 나는 너의 능력을 믿어. 제대로 해보자." 그렇게 따끔하게 혼을 내고 일주일 뒤, 엄청난 일이 벌어졌다. 팔로워가 200명에서 단숨에 1만 200명으로 폭발적으로 증가한 것! 도대체 무슨 일이야?! 놀란 나는 직원을 불렀다. "넌 할 줄 알았어! 역시 내가 믿고 있었어! 잘했어! 우리 펜션의 미래는 너의 인스타그램 행보에 달렸다!" 끊임없이 칭찬했지만 직원의 표정이 떨떠름했다. 뭐, 개의치 않았다. 중요한 건 앞으로 인스타그램을 통한 예약 고객이 많아질 거라는 사실. 그런데… 이게 웬걸? 팔로워는 늘었지만, 예약은 늘지 않았다. "이상하다. 도대체 팔로우는 하는데 왜 예약은 안 하지?" "이들은 대체 무슨 심보로 팔로우를 한 거야?" 직접 팔로워 목록을 확인해 봤다. 그런데 생각보다 외국인이 많다. "와, 우리 펜션 벌써 글로벌 숙소가 된 건가?" 아니. 외국인

이 대부분이 아니라, 전부 외국인이었다. 새로 생긴 1만 명의 팔로워 전원이 외국인이었다. 불안한 예감에 네이버에 검색했다. "외국인 팔로워 1만 명" 결과를 보고 경악했다. 네이버에서 외국인 팔로워를 사고판다?!?! "아, 팔로워가 늘지 않는다고 내가 혼을 내니까 직원이 자기 사비로 외국인 팔로워를 매수했구나? 직원 입장에서는 팔로워 수만 늘리면 된다고 생각했겠지. 결국 시킨 대로 하긴 했구나. 팔로워라도 늘었으니 일단 해보자!" 그런데? 이게 또 웬걸? 기존 팔로워 300명 시절보다 조회수가 더 안 나온다. 찾아보니⋯ 인스타그램에서는 외국인 팔로워를 매수하면 외부 노출 자체를 차단해버린다는 사실을 알게 되었다. 즉, 알고리즘 정지. "아⋯ 마케팅의 세계는 험난하구나." 결국 직원이 사비를 털어 늘린 외국인 팔로워를 모두 삭제

3달 만에 5.7만 명을 모은 인플루언서 계정

했다. 하지만 노출은 여전히 되지 않았다. "이 계정은 끝났구나." 그렇게 계정을 버렸다.

진행해왔던 마케팅을 모두 성공시키고, 예약률 TOP5에 드는 펜션을 운영한다는 자신감에 차 있었다. 그런데 인스타그램 마케팅이 실패로 돌아갔다. 물론 다른 플랫폼을 통해 많은 예약이 들어왔지만, 내가 실패했다는 사실을 인정할 수 없었다. 실패 원인을 분석해보자. 왜 사람들은 서해의 일몰과 함께하는 영흥도 감성 숙소 '벼리유 스테이'를 팔로우하지 않는 걸까? 아무리 생각해도 이해가 가지 않아 다른 감성 숙소 운영 펜션 계정을 찾아봤다. 10만, 100만 명 이상의 팔로워를 가진 숙박업 계정을 찾아보려 했지만 없었다. 왜 없을까? 고민했고, 답을 찾았다. 구독자들은 절대로 광고성 매체에 눈길을 주지 않는다. 오히려 자연스럽고, 인간다운 콘텐츠를 올리는 사람에게 더 끌리고 팔로우를 한다. 아무리 내 펜션이 좋아도 이를 주제로 콘텐츠를 만들면 결국 광고로 인식되고, 한 번 다녀간 사람은 더 이상 이 콘텐츠를 눌러보지 않는다. 여기서 답을 찾았다. 일단 사람을 모아보자. 사람을 모으려면 최대한 자극적이고, 직설적이며, 사실적인 콘텐츠를 만들어야 한다. 펜션과 관련 없어 보이지만 나중에 소비자가 "이게 뭐지?" 하고 궁금증을 느껴 클릭하게 만들어야 한다. 그럼 지금까지 살아오면서 내가 가장 잘해왔고, 앞으로도 잘할 예정이며, 소비자들이 관심을 가지는 주제가 뭘까? 제조업은 아니었다. 비주류 시장이기 때문이다. 답을 찾았다. 답은 모두가 갈망하는 "돈", 그리고 그 돈을 벌어 우리가 얻을 수 있는 "사치품", 마지막으로 자산 가치의 끝판왕인 "부동산", 그중에서도 갓물주라 불리는 "건물 투자"였다. 이 세 가지는 모두 매일 경험하고 있던 것들이었고, 이미 충분한 실전 경험이 있었다. 나는 인스타그램 비공개 계정을 만들어 실제 친구들과 소통하던 일기장 같은 계정을 공개 계정으로 바꾸었다. 그리고 하고 싶은 대로, 정말 B급 감성으로 돈과 관련된 이야기, 사치품과 관련된 이야기, 부동산과 관련된 이야기, 거기에 숙박업에 대한 이야기를 풀어나갔다. 타겟팅은 정확했다. 예상대로 사람들은 이러한 직설적인 콘텐츠에 열광했고, 나는 인스타그램 시작 3개월 만에 300명에서 5.7만 명의 팔로워를 가진 "인플루언서"가 되었다. 물론 얼굴 없이, 영상만으로. 일반인들이 경험하기 어려운 부분을 해결해주고, 모두가 공개하기 꺼려하는 돈이 되는 정보를 공유하며, 중간 마진을 최소화할 수 있는 방법을 알려주었다. 하지만 이 모든 걸 나는 그냥 재미로 하고 있다는 표현을 유지했다. 절대로 부자가 아니라는 이미지를 내세우며, 일반인도 쉽게 접할 수 있는 콘텐츠로 만들었다. 그런데 이게 이렇게 커질 줄은 나도 몰랐다.

  하지만 모든 사업이 그렇듯 오르막길이 있으면 내리막길도 있는 법. 신나게 성장하던 내 인스타그램 계정이 터지는 사태가 발생했다. 콘텐츠 자체가 직설적이고, "모든 중간마진을 없애겠다"라는 도전적인 문구와 자극적인 이야기들 덕분에, 중간마진으로 이윤을 취하는 회사들의 신고가 누적되었고, AI는 나를 요주의 인물로 체크하기 시작했다는 게 내 추측이다. 요주의 인물이 자꾸 돈과 건물 관련 이야기를 하면서 얼굴도 공개하지 않고 콘텐츠를 만들어내니, 정말 아무런 의도 없이 올린 콘텐츠들이 정지를 당했고, 그 정지가 누적되면서 결국 계정이 터졌다. 그렇게 내 인플루언서, 관종의 삶은 시작 반년 만에 막을 내렸다.

6만 팔로워 계정 폭파

하지만 이런 관종의 삶을 살다 보니 좋은 점도 있었다. 우선, 펜션 예약률이 극적으로 올라갔다. 또한, 원래는 내가 관심 있는 업종의 유명인에게 DM을 보내도 답장이 오지 않았었는데, 나의 영향력이 커지니 그들이 먼저 답장을 하기 시작했다. 마지막으로, 나의 콘텐츠를 보고 깊이 매료된 사람들이 직접 협업 제안을 해왔다. 이 제안들이 비즈니스로 발전할 기회가 많았지만, 나는 대부분 거절했다. 하지만 의리를 중요시하는 나는 한 가지 제안을 거절하지 못했다.

친구에게 연락이 왔다. 이번에 투자 관련 플랫폼을 오픈하는데, 그 플랫폼의 첫 출발 주자로 나에게 강연 요청이 들어온 것이다. 물론 처음엔 거절했다. 이유는 간단했다. 지금 공장을 돌리면서 건물을 사고팔고, 숙박업까지 운영하느라 바쁜데, 단순히 인스타그램 몇 개 봤다고 내가 전문가인 척 강연을 하라고? 물론 전문가 맞긴 하지. 10년을 했으니까. 하지만 나는 그렇게 생각했다. 투자, 특히 건물 투자는 정말 많은 과정이 필요하고, 서로 간의 소통과 서포트가 필수적이다. 단순히 강의만 듣고 끝낼 수 있는 콘텐츠가 아니다. 그래서 친구에게 말했다. "네가 제안한 '강의만' 하는 건 못할 것 같아. 대신, 원래 예전부터 제조업 2세들에게 했던 컨설팅이 있어. 건물 투자까지 가기 위한 사업자 경영 컨설팅. 그걸 내가 한 번 해볼게. 지금 인스타그램 팔로워도 많고, 나를 좋아하는 사람들이 많으니까 오프라인에서 1:1로 진행해볼게. 그게 생각보다 반응이 좋으면? 그때 다시 생각해보자." 그렇게 일단 끝냈다.

제조업 현업에 있다 보니 자연스럽게 내가 만나는 사람들은 대부분 내 거래처 사장님의 자녀들이거나, 제조업 2세 모임에서 알게 된 친구들이었다. 그들은 한결같이 부모님이 무에서 유를 창조한, 그야 말로 자수성가한 부모를 둔 사람들이었다. 하지만 대부분 공통점을 가지고 있었다. 어떤 결정을 할 때 자신 있게 하지 못하고, 주도적인 삶을 살지 못한다는 것.

부모가 힘들게 살아오며 쌓아 올린 사업이기에, 자녀에게도 자신 의 방식을 강요하는 경우가 많았다. 때가 되면 대학교에 가고, 때가 되면 결혼을 하고, 때가 되면 밑바닥부터 배워야 한다는 이유로 아버 지의 공장에서 실무를 익히게 된다. 그렇게 아들은 아버지의 그늘 아 래에서, 조종당하는 삶을 살아간다. 경제적으로 부족하지 않으며 부 모의 지원이 있기 때문에 절대 불행하지는 않다. 하지만 문제는 그들 이 주체적인 삶을 살지 못한다는 점이었다.

그들의 부모는 보통 수십 년간 사업을 운영하면서, 인천 공업지역 같은 핵심 부지에 최소 500평 이상의 공장을 보유하고 있었다. 인천 공업지역의 땅값은 평당 1,000만 원을 호가하니, 최소 50억 이상의 자산을 보유한 셈이었다. 공장이 클수록 자산 규모는 100억, 200억, 심지어 1,000억이 넘어가기도 했다. 하지만 그들은 재력을 숨겼다. 고급차가 아닌 소나타를 타고 다니고, 돈을 쓸 줄 모른다. 가부장적 인 분위기가 짙은 집안일수록 자녀들은 더욱 의기소침해져 있었다. 이런 현실이 안타까웠다.

그중에서도 가장 친한 친구가 있었다. 제조업 2세로, 부모님의 공 장을 물려받을 예정이었지만 스스로 뭔가를 해보려는 의지가 부족했다. 나는 외부로 나가 다양한 일을 접해본 사람으로서 진심 어린 조언을 해주었다.

"언제까지 아버지 그늘 아래 있을 거야? 너도 진취적인 사람이 되어봐. 내가 도와줄게."

내가 친구에게 해준 조언은 간단했다. 가족 안에서 어느 정도 의결권을 가지려면, 스스로 자산을 만들어야 한다는 것. 그리고 그만큼 아버지에게도 인정받아야 한다는 것. 다행히도 친구는 흔쾌히 내 제안을 받아들였다.

그렇게 나는 '제조업 2세의 자산 증식 프로젝트'를 시작했다. 그리고 이런 행위를 나는 '의리 사업자 경영 컨설팅'이라고 불렀다.

경영 컨설팅의 첫 번째는, 친구와 그의 가족의 자산상태를 파악하는 것이다. 친구가 다니는 아버지의 회사의 자산 상태, 친구 개인의 자산, 혹시 증여나 할아버지로부터 받은 상속이 있는지, 회사 지분은 어디까지 증여되었는지, 모회사 아래에 자회사로 따로 지분을 가진 법인이 있는지, 친구가 거주하는 집의 명의는 누구 것인지 등을 분석한다. 또한 회사의 매출과 영업이익이 어떻게 되는지, 앞으로의 전망은 어떠한지, 기존 대출이 얼마나 있는지, 주거래 은행은 어디인지, 그리고 해당 은행에서 매년 회사에 매기는 신용등급을 파악한다. 이렇게 재무 상태와 현금 흐름을 정리하고 나니 한 가지 슬픈 현실을 마주하게 되었다. 내 친구는 가진 것이 아무것도 없었다.

이런 경우엔 어떻게 해야 할까? 이때 두 번째 단계가 들어간다. 친구의 아버지에게 한국 사회의 세금 구조가 얼마나 무서운지를 인식시키고, 이를 통해 공포감을 조성한다. 상속세와 증여세의 무서움을 어필하는 것이다. 하지만 내가 직접 나서서 "회장님, 자녀에게 빠르게 회사 지분을 넘기셔야 합니다. 건물을 자녀 명의로 사주세요. 실질 주주를 자녀에게 이전하세요!"라고 말한다면 과연 믿을까? 아마 어린놈이 뻘소리 한다며 무시할 것이다. 아무리 내가 살아온 과정과 내 현재 상황을 설명해도, 그들은 기본적으로 증여·상속과 관련된 세금의 위험성을 절실히 인지하지 못하고 있기 때문이다.

그래서 나는 보험사를 보냈다. 회사를 운영하다 보면 가끔, 아니 매우 자주 이런 전화가 온다. "대출을 저금리로 받을 수 있도록 도와드립니다." 혹은 "세금을 줄여드립니다." 대부분 보험사나 세무 컨설팅 업체다. 이들은 기업을 대상으로 CEO 경영인 정기보험이라는 상품을 판매한다. 쉽게 말해 회사 오너를 위한 종신보험이다. 하지만 "보험을 파는 곳"이라는 인식이 강하기 때문에, 그들은 신뢰를 얻기 위해 접근 방식을 다르게 가져간다. "보험을 통해 비용 처리가 가능하니 세금을 줄일 수 있습니다."라며 절세 컨설팅을 해주는 것처럼 보이도록 한다.

이들은 보통 어느 정도 재무가 탄탄한 회사에 접근하여 영업을 한다. 그들의 대표적인 멘트는 이렇다.

"지금 대표님이 갑자기 세상을 떠나시면 상속세가 얼마나 나오는

지 아십니까? 자녀에게 빠르게 증여하지 않으면 국가에 재산의 반을 빼앗깁니다. 저희가 절세 방안을 도와드리겠습니다."

"지금 대표님의 회사는 온전히 대표님 것이 아닙니다. 반은 나라 것이라고 보셔야 합니다. 한시라도 빨리 자녀에게 증여하는 것이 중요합니다."

내가 이런 보험사와 세무 컨설팅 업체를 보낸 이유는 간단하다. 친구의 아버지, 즉 공장 사장님을 보다 적극적으로 증여와 상속에 대한 고민을 하게 만들기 위해서다. 나는 굳이 앞에 나서지 않는다. 대신 지속적으로 세금에 대한 위험성을 인식시키도록 한다. 그리고 친구에게는 이렇게 당부했다. "너는 무관심한 척해라."

만약 친구가 너무 적극적으로 관심을 보이면, 아버지는 자녀가 재산에 욕심이 있다고 생각하고 더욱 보수적인 입장을 취할 가능성이 높다. 사람은 기본적으로 자신이 가진 것을 쉽게 내려놓지 않는다. 나는 그것을 이해한다. 그래서 이 과정에서 친구의 아버지가 보험사나 컨설팅 업체에 재무 컨설팅을 맡기지 않도록 주의시키는 것도 중요하다.

공장 대표인 아버지가 어느 정도 자녀에게 재산을 물려줘야겠다고 결심하는 시점이 오면, 그때서야 내가 직접 등장한다. "안녕하세요, A군의 친구 영끌남입니다. 회장님 이야기는 친구에게 많이 들었습니다!"라며 자연스럽게 자신을 소개한다. 그리고 친구의 아버지를 띄워준다.

이후 나는 이렇게 제안한다. "보험을 들 필요가 없습니다. 보험은 결국 조삼모사입니다. 앞에서는 세금 절감 효과가 있는 것처럼 보이지만, 정작 보험금을 수령할 때는 다시 세금으로 추징당합니다. 그렇다고 당장 자녀에게 자산을 증여할 필요도 없습니다. 대표님께서 지금까지 공장을 운영하며 엄청난 부를 이루셨는데, 이건 대표님 것이지 않습니까? 그런데 대표님과 자녀분 두 분 모두가 부자가 될 수 있는 행복한 방법이 있습니다."

이쯤 되면 친구의 아버지는 나의 말에 귀를 기울이기 시작한다. 여러 전문가들이 와서 "빠르게 증여해야 한다"고 했는데, 이 젊은 친구는 "두 마리 토끼를 잡을 방법이 있다"고 말하니 관심이 갈 수밖에 없다.

"공장을 운영하면서 사업 소득으로 얼마를 버셨습니까? 그리고 인천 공업 지역의 토지를 매입해 보유하면서, 땅값 상승으로 얼마나 부자가 되셨습니까? 과연 대표님이 지금 부자가 된 이유가 사업 소득 때문일까요? 아닙니다. 투자 소득(공장 가치 상승)도 함께 가져갔기 때문입니다. 그런데 대표님, 혹시 강남에 건물이 있으십니까?"

"저는 서울 건물 투자를 하고 있습니다. 혹시 강남 건물주가 되는 꿈을 한 번쯤 생각해 보신 적은 없으십니까? 대표님께서 이루지 못한 이 꿈을 자녀에게 이루게 해줄 수 있습니다. 하지만 공장을 팔아서 건물을 사라는 것이 아닙니다. 공장에 대출이 얼마나 있습니까? 거의 없으시죠. 그럼, 처음 사업을 시작하실 때 공장을 샀던 것처럼, 이번에는 건물을 사시면 됩니다. 어떻게요? 자녀 명의로요."

"너무 어렵다고요? 아닙니다. 저는 이미 대표님 가족의 재무 상황을 A부터 Z까지 모두 파악했습니다. 제가 도와드릴 수 있습니다. 그런데 아들이 믿음직하지 않으시다고요? 그렇다면 대표님께서 운영하시는 회사의 매출도, 자녀가 본인 회사처럼 운영할 수 있도록 돕겠습니다. 그렇게 하면 대표님의 사업이 자녀의 도움으로 더욱 발전할 수 있습니다. 이를 통해 가족 전체가 함께 부를 증대할 수 있는 방법을 저는 알고 있습니다."

이쯤 되면 친구의 아버지는 초롱초롱한 눈빛으로 나를 보기 시작한다.

"앞으로 진행할 프로세스는 이렇습니다. 우선 자녀에게 원활한 현금 흐름을 만들어줘야 합니다. 현금 흐름이 있어야 투자도 가능하고, 대출도 수월해지기 때문입니다. 그런데 현금 흐름이 어디서 나와야 할까요? 문제없습니다. 지금 대표님이 운영하시는 공장이 있잖아요. 지금 당장 아들이 최대주주인 법인 회사를 설립합니다. 그리고 현재 대표님 회사의 매출 일부를 이 법인으로 발생시키는 구조를 만들겠습니다. 세무적으로 문제없이 진행할 수 있도록 제가 도와드릴 거예요.

그렇게 되면 어떻게 될까요? 법인의 매출이 발생하고, 지속적으로 영업이익이 나오는 구조가 형성되면서 법인의 신용도가 올라갑니다. 그럼 은행에서는 이 법인을 보고 대출을 해주겠죠. 그것도 저금리로

요. 은행 대출을 위한 재무제표 세팅도 제가 다 도와드릴 겁니다.

그럼 이 대출금을 어디에 써야 할까요? 기존에 투자했던 공장이 아니라, 회장님의 오랜 꿈이었던 '서울 건물'을 아들 명의로 매입하는 것입니다. 하지만 아들에게 돈이 없는데 건물을 살 수 있을까요? 가능합니다. 시장에서 저평가된, 시세보다 저렴한 건물을 찾아 매입한다면 충분히 가능합니다. 이 과정도 제가 도와드릴 겁니다.

그럼 은행에서는 아들 법인의 매출을 보고 대출을 실행하겠죠. 하지만 더 낮은 금리로 대출을 받고 싶으시다면? 혹시 아들이 자금이 부족하면 대표님께 돈을 빌려달라고 할 수도 있지 않을까요? 아닙니다. 절대 현금을 빌려주시면 안 됩니다. 대신 대표님이 현재 보유한 담보(아파트, 공장 등)를 활용하시면 됩니다. 자녀에게 돈을 주는 것이 아니라, 담보를 제공하는 방식으로 지원하는 것입니다.

이렇게 해서 건물을 매입하면, 그 건물에서 나오는 월세 수익으로 대출 이자를 감당할 수 있습니다. 하지만 그런 건물이 있을까요? 네, 있습니다. 그리고 그런 건물을 찾는 과정도 아들과 함께하면서 직접 도와드릴 것입니다.

이렇게 아들은 건물주가 되기 위한 실질적인 과정을 경험하게 되고, 동시에 아버지가 설립해준 제조업 법인의 매출을 키우기 위해 능동적으로 움직일 것입니다. 결국 회사의 매출이 증가하고, 법인의 신용도가 높아지면서 전체적인 사업 구조가 더욱 안정적으로 성장하겠죠. 그 과정에서 대표님께서는 본인의 자산을 지키면서도 합법적으로 자녀에게 증여할 수 있는 길이 열리는 것입니다. 이 모든 과정을 제가 직접 도와드리겠습니다.

결과는? 대표님께서는 손해 볼 것이 없고, 아들은 자연스럽게 능동적인 삶을 살게 됩니다."

이 모든 과정을 친구에게 설명해주며 동기부여를 심어줬다. "너는 이제 수동적인 삶에서 벗어나야 해. 아버지가 믿음을 주셨으니 그에 걸맞게 노력해야 해. 다른 사람들은 현금 흐름을 만들기 위해 사업자를 내고, 매력적인 재무제표를 만들기 위해 애쓰고, 담보가 없어서 투자에 곤란을 겪어. 하지만 넌 이미 이런 조건을 다 갖추고 있어. 다만 방법을 모를 뿐이지. 친구 좋은 게 뭐야, 내가 도와줄게."

그리고 정말 100원 한 푼 받지 않고 도와줬다. 결과는? 단 1년 만에 내 도움으로 내 친구는 성수동 이면도로에 있는 건물을 평당 3,000만 원에 매입했다. 현재 그 지역의 평당 가격은 1.5억 원이 넘으니, 단순 계산으로 5배 이상의 자산 증식이 이루어진 셈이다. 하지만 여기에 들어간 돈은 없다. 모든 조건이 완벽했기 때문에 가능했던 일이다.

결과적으로 지금 내 친구는 수천억 원대의 자산가가 되었고, 현재 나와 함께 투자할 새로운 기회를 고민하고 있다. 이 과정이 입소문을 타면서 인천 남동공단의 제조업 2세들 사이에서 빠르게 소문이 퍼졌다. "영끌남과 함께하면 강남 건물주가 될 수 있다." 이후 정말 많은 러브콜이 들어왔다.

그렇게 나는 또 하나의 새로운 직업을 갖게 되었다. 사업자 경영 컨설턴트. 하지만 이는 어디까지나 지인들을 대상으로, 친목을 위해 도와준 일이었고, 돈을 받고 할 생각은 없었다. 그저 재능 기부, 그 자체였다.

그런데 숙박업 방을 팔기 위해 강의를 하자는 친구의 제안을 거절하고 집에 와서 생각해보니 예전 생각이 났다. '그래, 나는 이미 제조업 2세들을 대상으로 경영 컨설팅을 해왔고, 그 과정을 통해 최종적으로 투자까지 연결해줬지. 그리고 그 컨설팅은 예상보다 훨씬 인기가 많았다. 그렇다면 이걸 내가 운영하는 인스타그램을 통해, 나를 좋아하는 팔로워들에게 제공하면 어떨까?'

강의가 아니라 컨설팅으로. 지금 사업을 운영하고 있는 사람들에게는 효율적인 경영을 알려주고, 이를 통해 회사의 재무제표를 개선하고 투자까지 이어지는 전략을 알려주는 방식으로. 직장인들에게는 추가적인 수입을 창출할 수 있는 새로운 사업 구조를 설명하고, 창업을 돕고, 현금 흐름을 확보한 뒤 정부에서 지원하는 자금을 활용해 사옥 매입 등 추가적인 투자를 할 수 있도록 돕는 컨설팅을 제공하면 좋겠다는 생각이 들었다.

그렇게 경영 컨설팅을 결심했고, 2024년 7월 말 휴가를 다녀온 뒤 어느 정도 정리를 마치고 8월부터 본격적으로 시작하기로 했다. 그런데 온라인에서 얼굴도 노출하지 않는 내가 컨설팅을 해준다고 하면 과연 사람들이 신청할까? 처음엔 반신반의했다. 하지만 나는 7년 전부터 이걸 해왔고, 실제로 제조업 2세들을 대상으로 성공적인 결과를 만들어왔기 때문에 자신이 있었다.

내 성격상 '한번 해보자' 하면 무조건 실행하는 타입이다. 하지만 제조업이나 숙박업처럼 영속성이 보장된 업종이 아니었기 때문에 처음부터 법인을 설립하는 것은 리스크가 컸다. 혹시라도 일회성으로 끝나버린다면 그건 너무 비효율적이었다. 그래서 일단 개인사업자로 시작해보기로 했다. 업종은? 당연히 '경영 컨설팅'. 내가 친구 아버지들에게 보험사와 세무 컨설턴트 대신 직접 컨설팅을 해주던 그 과정이 이제 내 본업이 될 줄은 꿈에도 몰랐다.

그렇게 재미 삼아 시작한 컨설팅. 결과는? 대성공. 컨설팅 모집 공고를 올린 지 1주일 만에 1년치 예약이 다 차버렸다.

사전 질문지를 만들어 모든 사람들의 성향을 분석하고, 현재 사업장의 재무제표를 확인한 후 앞으로 나아갈 방향성과 세금 전략을 세웠다. 이후, 새로운 자금을 융통할 수 있는 방법과 투자로 연결되기 위한 다양한 자산 형성 방법을 개개인에 맞춰 2시간 동안 1:1 미팅을 통해 서포트했다. 미팅이 끝난 후에도 연락처를 교환해 지속적으로 소통하며 궁금한 점이 있을 때마다 메신저로 질문을 받고 답변을 제공했다. 그렇게 컨설팅을 시작한 지 1년이 지난 지금, 우리는 서로 시너지 효과를 내면서 꾸준히 성장해 나가고 있다.

그런데 컨설팅을 진행하면서 점점 아쉬움이 커졌다. 2시간이라는 시간 안에 내가 전달하고 싶은 모든 정보를 공유하기에는 너무나 부족했다. 하지만 바쁜 나에게는 모든 사람에게 개별적으로 상세한 내용을 설명해줄 시간이 없었다. 그래도 나는 내가 가진 지식을 최대한 공유하고 싶었다. 7년 전, 끊임없이 소통했던 내 친구는 나에게 무료로 정보를 가져갔지만, 지금 내 컨설팅을 받기 위해 시간당 100만 원이라는 비용을 지불하는 사람들에게는 최소한 그 이상의 가치를 돌려주어야 한다는 책임감이 생겼다.

그러던 중, 수많은 사람들을 만나면서 공통적으로 알려주어야 할 기본적인 사항들이 있다는 것을 깨달았다. 이 부분을 어떻게 해결하면 좋을까? 고민 끝에 해결책을 찾았다. 컨설팅을 진행하기 전에 질문지를 받아 핵심적인 내용과 모든 사람들에게 공통적으로 필요한 정보는 영상으로 촬영해서 제공하기로 했다. 이후, 개개인에 맞춘 조언과 맞춤형 방향성을 컨설팅에서 집중적으로 다루도록 시스템을 만들었다.

이 방식은 생각보다 훨씬 효과적이었다. 컨설팅을 시작한 사람들은 1년이 지난 지금도 여전히 함께 소통하며 성장하고 있다. 하지만 점점 공유해주고 싶은 정보들이 계속해서 늘어났다. 예를 들어, A라는 사업을 운영하는 사람이 B, C, D라는 새로운 현금흐름 사업 아이템을 추가적으로 운영할 수 있는 방법을 알려주고 싶었다. 혹은 새롭게 업데이트되는 정책 자금과 세무 방안, 정부 지원금과 같은 정보를 신속하게 제공하고 싶었다.

그렇다면 이 모든 정보를 가장 효율적으로 공유하는 방법은 무엇일까? 결국, 이 부분도 영상으로 제작하기로 했다. 반응은 예상보다 훨씬 좋았다. 하지만 여전히 문제가 남아 있었다.

이렇게 모든 정보를 개별적으로 메일로 보내고 리스트업하여 전달하는 과정이 너무 비효율적이었다. 고객 입장에서도 모든 자료가 체계적으로 정리되지 않고 여기저기 흩어져 있어 불편했다. 이제는 시스템이 필요했다.

그때 나에게 강의 제안을 했던 친구가 떠올랐다. 나는 그에게 요청했다. "나는 온라인 강의를 할 필요는 없을 것 같아. 다만 최신 리스트업이 되는 현금흐름 창출 방법과 사업자 경영, 세무, 대출 등 다양한 업데이트 자료를 효율적으로 관리해 줄 사이트와 내 사업을 서포트해 줄 사람이 필요해. 이 부분을 도와줄 수 있어?" 친구는 흔쾌히 허락했다.

그렇게 나는 플랫폼의 힘을 빌리게 되었다. 규모의 경제가 가능한 플랫폼 시장에서, 단순한 부업 강의가 아니라 처음부터 끝까지 실질적인 도움을 제공하는 '부의 레버리지' 경영 컨설팅을 기획했다. 이 컨설팅은 예상보다 훨씬 큰 반응을 얻었고, 그야말로 대성공을 거뒀다. 2024년 9월부터 시작된 '부의 레버리지' 컨설팅 카르텔은 매회 차 선착순 마감되었으며, 지금도 계속해서 신청이 몰리고 있다.

현재 모든 의뢰인과 개별 연락처를 저장한 후, 각자의 상황에 맞춰 사업자 세팅, 대출 전략, 방향성 설정, 현금흐름 창출, 세무 지원, 법무 지원 등 다양한 분야에서 끊임없이 소통하고 있다. 하지만 나는 이 과정이 단순한 '일방적인 컨설팅'이라고 생각하지 않는다. 오히려 나 역시 많은 걸 배우고 있다. 내가 미처 생각하지 못했던 부분을 새롭게 알게 되고, 다른 이들의 투자 관점을 공유하며 내가 놓친 부분을 보충해 나가고 있다.

배움은 끝이 없다. 우리는 그렇게 함께 발전해 나가고 있다.

부의 레버리지 오프라인 컨설팅 현장

제가 가장 중요하게 생각하는 건 "의리"입니다. 그리고 이 책을 여기까지 읽은 독자 여러분 또한 저에 대한 신뢰와 의리를 보여주신 분들이라고 믿어 의심치 않습니다.

6시 퇴근하면 곧바로 집에 가 누워 주말만을 기다리는 월급쟁이가 아니라, 부자가 되기 위해 끊임없이 노력하는 노력형 인간이라는 것도 확신합니다. 그리고 이제 곧 성공의 종착점에 다다를 여러분들을 위해, 그 속도를 가속화할 수 있도록 준비했습니다.

제가 기존에 컨설팅으로 198만 원을 받으며 진행했던 핵심 내용을 2시간 분량으로 녹화하여 공유드립니다. 이 영상이 여러분이 원하는 부의 길을 더 빠르게, 더 효과적으로 걸어가는 데 도움이 되길 바랍니다.

198만 원 상당의 영끌남 건물투자 컨설팅 영상

영끌남

@0ggul_nam

구독자 7.36천명 · 동영상 291개

⬇️ 👨무료강의참여 · 📖무료전자책 받기 클릭! ...더보기

나의 편집 실력으로 보여줄 수 있는 것은 인스타그램을 통해 단편적이고 직설적인, 자극적인 영상이었다. 하지만 컨설팅을 진행하고, 영상을 기록으로 남길수록 더 깊이 있는 정보를 전달할 필요성을 느꼈다. 그렇게 시작한 것이 유튜브였다.

인스타그램과는 또 다른 유튜브라는 채널을 통해, 조금 더 순화된 방식으로 나를 표현하고, 더 많은 정보를 더욱 자세히 전달할 수 있었다. 결국, 처음에는 숙박업의 방을 팔기 위해 시작했던 마케팅이 여기까지 오게 되었다. 그리고 후회하지 않는다.

우리는 항상 변화해야 한다. 끊임없이 유행에 뒤처지지 않아야 하고, 시대의 흐름에 발맞춰 기술이 발전하는 만큼 나 또한 발전해야 한다. 트렌드가 변화하면, 새로운 트렌드에 사람이 모인다. 그리고 사람이 모이는 곳에 돈이 흐른다.

열여덟 번째 리스크는 "유지"였다

앞서 말했듯이 자산을 보유하고 있다면 이를 유지하는 방법을 고민해야 한다. 단순히 예금을 통해 연 3%대의 이자를 받는 행위는 소득을 증가시키는 것이 아니다. 그저 인플레이션(물가 상승)에 대한 헷징^{hedging} 수단일 뿐이다. 그렇다면 좀 더 안전하게 내 자산을 지키는 방법은 무엇일까?

자산을 유지하기 위해서는 어떤 헷징 수단을 선택할지 결정해야 한다. 일정 수준의 부를 축적한 이들이 수익률이 낮아도 강남 대로변 건물을 현금 비중을 높여 매수하는 이유도 여기에 있다. 한국에서 상업용 부동산 측면에서 가장 안전한 자산이기 때문이다. 명동의 허름한 상가를 평당 8억을 주고 매수하는 이유도 같다. 유동인구가 많은 지역이며, 경기 변동에 따라 굴곡이 있더라도 결국 살아나는 상권이기 때문이다. 용산 한남동의 고급 빌라, 하이엔드 주거공간, 반포 아파트를 매수하는 것도 같은 맥락이다. 자산 형성이 일정 수준을 넘어서면, 이후에는 그 자산을 어떻게 지킬 것인가를 고민해야 한다.

또한, 내가 가진 자산을 다음 세대에게 그대로 남겨주고 싶어도, 한국 사회에서는 증여세와 상속세라는 제도가 존재한다. 대기업 총

수들이나 자산가들이 절세^{節稅}에 많은 노력을 기울이는 이유도 결국 자산을 유지하기 위한 과정 중 하나라고 볼 수 있다.

과거 현금 자산을 대대손손 유지하려 했던 한 어르신이 있었다. 그는 십수 년 동안 금고에 현금을 보관하며 거의 사용하지 않았다. 궁금해서 물었다. "대표님, 왜 현금을 금고에 보관하시나요? 은행에 넣으면 이자가 발생하고, 인플레이션을 헷징할 수도 있는데요." 그러자 그는 이렇게 답했다.

"내가 30억을 자녀에게 증여하면, 나라에 반 이상을 세금으로 내야 해. 하지만 30억이 든 금고를 자녀나 손주에게 넘긴다면, 그들은 30억을 그대로 사용할 수 있지."

그에게 현금 다발은 그저 종이가 아니었다. 그의 자산을 대대손손 유지하는 하나의 투자 수단이었다.

열심히 벌었다면, 투자를 통해 성공했다면, 이제는 가진 자산을 어떻게 유지할 것인지 고민해야 한다. 지키는 것도 하나의 투자이며, 이를 소홀히 하면 모든 것이 무너질 수도 있다.

지금도 현금의 가치는 떨어지고 있다

우리는 2020년대에 살고 있다. 2025년을 기준으로 최저임금은 1만 원을 돌파했다. 하지만 30년 전인 1995년의 최저임금은? 1,170원. 대략 8.5배 차이다.

만약 1995년에 내가 1만 원을 보유하고 그대로 2025년까지 기다렸다면, 그 1만 원은 여전히 같은 가치를 지닐까? 절대 아니다. 30년 전 1만 원으로는 생각보다 많은 일을 할 수 있었지만, 지금은 국밥한 그릇 먹기도 빠듯한 돈이 되었다. 현금의 가치는 시간이 지날수록 떨어진다.

이 때문에 부자들은 자산을 지키는 것이 힘들다고 말한다. 같은 이치다. 현금 자산이 많을수록 이를 온전히 지키기 위해서는 반드시 어

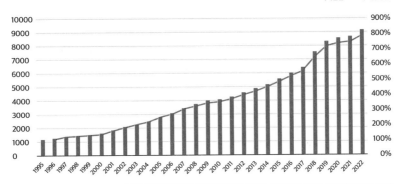

연도	최저임금	상승률	누적상승률
1995	1,170원	-	-
1996	1,275원	8.97%	108.97%
1997	1,400원	9.80%	119.66%
1998	1,485원	6.07%	126.92%
1999	1,525원	2.69%	130.34%
2000	1,600원	4.92%	136.75%
2001	1,865원	16.56%	159.40%
2002	2,100원	12.60%	179.49%
2003	2,275원	8.33%	194.44%
2004	2,510원	10.33%	214.53%
2005	2,840원	13.15%	242.74%
2006	3,100원	9.15%	264.96%
2007	3,480원	12.26%	297.44%
2008	3,770원	8.33%	322.22%
2009	4,000원	6.10%	341.88%
2010	4,110원	2.75%	351.28%
2011	4,320원	5.11%	369.23%
2012	4,580원	6.02%	391.45%
2013	4,860원	6.11%	415.38%
2014	5,210원	7.20%	445.30%
2015	5,580원	7.10%	476.92%
2016	6,030원	8.06%	515.38%
2017	6,470원	7.30%	552.99%
2018	7,530원	16.38%	643.59%
2019	8,350원	10.89%	713.68%
2020	8,590원	2.87%	734.19%
2021	8,720원	1.51%	745.30%
2022	9,160원	5.05%	782.91%

떤 방식으로든 투자해야 한다. 그렇다면 어떤 선택지가 있을까?

원화가 아닌 달러에 투자하는 것도 하나의 방법이다. 하지만 이는 환율 변동성이라는 리스크가 따른다.

은행에 예금 혹은 적금을 넣어두는 것도 마찬가지다. 은행이 파산할 가능성은 낮지만, 절대 불가능한 일은 아니다.

그렇다면 우리는 시간이 갈수록 떨어지는 현금 가치를 보존하기 위해 어떤 액션을 취해야 할까? 방법은 여러 가지가 있다. 부자들이 선택하는 자산 유지 전략을 살펴볼 필요가 있다.

1. 은행에 예금, 적금하기

은행 예금은 가장 안정적인 자산 관리 방법이다. 현금을 그대로 보유하면 그 가치는 변하지 않지만, 은행에 예금하면 이자를 받을 수 있다. 예금을 통해 돈이 불어난다고 생각할 수 있지만, 여기서 중요한 질문을 던져보자. 내 돈이 늘어나는 동안 세상은 멈춰 있을까? 아니다. 세계 경제는 끊임없이 발전하고 있으며, 그에 따라 인플레이션도 지속적으로 발생한다. 과거 100원이었던 컵볶이는 이제 찾아볼 수도 없다. 인건비가 올랐고, 재료비가 상승했으며, 상가 임대료 또한 높아졌다. 이러한 변화 속에서 100원짜리 떡볶이는 더 이상 존재할 수 없다. 그렇다면 여기서 중요한 결론에 도달할 수 있다. 현금을 보유하면 자산 가치는 지속적으로 줄어든다. 은행 예금을 통해 돈을 불리는 것은 인플레이션을 헷징하는 수단일 뿐, 자산을 실질적으로 늘리는 방법은 아니다. 리스크가 적은 투자는 수익률도 낮다. 따라서 예금과 적금을 하는 이유를 '부자가 되기 위해서'라고 착각하면 안 된다. 그것은 단순히 자산을 보존하는 수단일 뿐이며, 부를 축적하는 방법이 아니다.

2. 주식 매수

주식은 대표적인 무형자산 투자다. 흔히 '하이리스크, 하이리턴'이라고 말하는 이유도 이 때문이다. 하지만 단순히 한 개의 종목을 매수하는 것만이 주식 투자는 아니다. 예를 들어 코스피, 코스닥, 레버리지 ETF 등 다양한 투자 방식이 존재한다. 이는 결국 한국 경제가 성장하면서 기업 가치가 상승할 것이고, 내가 가진 현금보다 더 빠르게 성장할 것이라는 기대감을 바탕으로 투자하는 행위다.

그렇다면 왜 사람들은 변동성이 더 큰 코스닥 소형주보다, 변동성이 적은 삼성전자에 투자할까? 답은 명확하다. 안정성 때문이다. 좋은 종목을 보유하고 있다면 당연히 돈을 벌 수 있다. 하지만 주식 투자에서 중요한 것은 레버리지의 위험성을 이해하는 것이다.

예를 들어 부동산 담보 대출 금리는 보통 3%대로 안정적이지만, 주식을 담보로 대출을 받으면 훨씬 높은 이자를 지불해야 한다. 또한, 미수거래를 통해 주식 매수를 한다면? 만약 주식 가격이 하락하면 강제 청산(마진콜)이 발생해 증권사가 원금을 회수하게 된다. 반면, 부동산은 다르다. 아무리 부동산 가격이 떨어져도 은행에서는 3년 정도의 유예 기간을 주고, 이자만 잘 납부하면 원금 상환을 강제하지 않는다.

결국 코스닥 잡주보다 삼성전자가 더 안전하고, 삼성전자보다 한국의 토지와 부동산이 더 안전한 자산이라는 것을 금융기관도 알고 있는 것이다. 주식 투자는 내 자산을 빠르게 증가시킬 수도 있지만, 반대로 크게 감소할 수도 있는 투자 방식이다.

필자 역시 공격적인 **무형자산 투자**(주식, 비트코인 등)를 병행하고 있지만, 항상 현금자산, 부동산자산, 무형자산(주식, 코인) 간의 비율을 조절하면서 투자하고 있다. 무조건 한쪽에 쏠리지 않는 포트폴리오 관리가 중요하다.

3. 부동산 매수

부동산 투자에 대한 대표적인 사례는 토지의 가치 상승이다. 할아버지가 소유하고 계신 인천 독쟁이고개에 위치한 토지가 있다. 등기권리증을 확인해 보니 할아버지는 과거 증조할아버지에게 평당 100원에 매수하셨다고 한다. 당시에는 과수원이었고, 농지를 소유하는 것이 흔한 일이었다. 하지만 수십 년이 지난 지금, 해당 토지는 평당 1,500만 원을 호가하고 있다. 단순 계산만 해보더라도 15만 배의 상승이 일어난 셈이다. 하지만 정말 그렇게 가치가 상승한 것일까? 아니다. 중요한 건 그 시절의 100원과 현재의 100원이 같은 가치가 아니라는 점이다.

할아버지에게 물었다. "그때 100원으로 뭘 살 수 있었어? 땅 말고." 할아버지는 답하셨다. "쌀 한 가마를 살까, 땅을 살까 고민했었지."

현재 쌀 한 가마의 가격은 약 20만 원이다. 즉, 만약 100원을 현금으로 보관하고 있었다면 15만 배의 손해를 본 셈이고, 만약 쌀 한 가마로 바꿔 두었다면 75배의 손해를 봤을 것이다. 결국, 부동산을 선택한 것이 압도적으로 유리한 결과를 가져온 셈이다.

그럼 부동산 투자가 무조건 정답일까? 반드시 그렇지는 않다. 역사적으로 경제에는 수많은 위기가 존재했다. 1929년 미국 경제 대공황, 1970년대 1차·2차 오일쇼크, 1997년 IMF 금융위기, 2000년대 버블닷컴 사태, 2008년 글로벌 금융위기, 2020년 코로나 팬데믹 등의 경제위기 상황에서는 부동산 가격 또한 떨어질 수 있다. 하지만 역사적 흐름을 보면 이는 일시적인 현상에 불과했다. 특히 IMF 당시 자산에 투자했던 이들은 큰 돈을 벌었고, 결과적으로 부동산의 공시지가(나라에서 정하는 기준가격)는 경제 위기를 거치면서도 5년 단위의 장기적인 그래프를 그려보면 여전히 우상향을 이어가고 있다.

'현금은 쓰레기다!' 월급을 받으며 하루 8시간씩, 주 40시간을 일하는 사람이라면 이 말이 황당하게 들릴 수도 있다. 하지만 현실을 보면 현금의 가치는 시간이 지날수록 지속적으로 하락하고 있다. 그 대표적인 사례가 베네수엘라다. 베네수엘라는 세계 최대 원유 생산국 중 하나로, 국가 재정의 90%를 원유 수출에 의존하고 있었다. 그러나 2014년부터 원유 가격이 급락하면서 경제에 심각한 문제가 발생했고, 이는 곧 물가 상승으로 이어졌다.

그 결과 베네수엘라의 물가 상승률은 무려 1,700,000%에 달했다. 쉽게 말해, 170만 원의 가치는 1원으로 변한 것이다. 물론 이는 극단적인 사례지만, 우리가 흔히 안전자산이라 생각하는 현금이 실제로는 절대적인 안전자산이 아니라는 것을 보여주는 강력한 증거다.

 우리가 근로소득을 통해 벌어들이는 현금자산을 안전하게 지키려면 단순히 저축하는 것만으로는 부족하다. 물가는 지속적으로 상승하고 있고, 인플레이션은 우리의 자산 가치를 갉아먹는다. 그렇기 때문에 투자는 선택이 아닌 필수가 된 시대에 우리는 살고 있다.

03

물가상승률조차
따라가지 못하는 월급

　물가가 오르면, 즉 인플레이션이 발생하면 우리에게 닥치는 문제는 무엇일까? 앞에서 말했듯, 예전에는 1만 원으로 살 수 있었던 물건을 더 이상 1만 원에 살 수 없다는 것이다. 사람들은 물가가 올라서 불편하다고 말하지만, 사실 이는 물가가 올라간 것이 아니라 돈의 가치가 떨어진 것이다.

　최근 5년 동안 물가가 소득보다 약 2배 더 많이 올랐다는 통계가 나왔다. 2023년 2분기 근로자가구의 월평균 소득은 481만 원으로, 2019년 대비 8.1% 증가했다. 하지만 같은 기간 소비자물가지수는 14%, 생활물가지수는 18% 상승했다. 월급 인상 속도가 물가 상승률보다 6% 낮았으며, 우리가 체감할 수 있는 생활물가지수의 상승률은 근로소득보다 2배 빠르게 진행되고 있다. 우리가 점점 더 팍팍하게 살고 있다고 느끼는 이유는 단순하다. 월급이 물가를 따라가지 못하기 때문이다.

우리나라에는 연공서열제라는 시스템이 존재한다. 연공서열제란 오래 일한 구성원을 승진과 보수 면에서 우선적으로 대우하는 인사제도를 의미한다. 즉, 내 능력보다는 내 연차가 더 중요한 평가 요소가 된다는 뜻이다. 역으로 보면, 내 상사보다 더 열심히 일해서 능력을 인정받고 싶다면, 그 상사가 없는 다른 회사로 이직해야만 연봉을 높일 수 있다는 의미이기도 하다.

하지만 현실적으로 우리나라 직장인 100명 중 몇 명이나 연봉 인상을 위해 경력직 이직이라는 카드를 꺼낼까? 안정적인 대기업 월급을 받으며 가정을 이루고 사는 사람에게 스타트업이나 소기업으로 가서 능력 위주의 평가를 받으라고 하면 몇 명이나 모험을 선택할까? 이런 구조적 문제는 피할 수 없다. 미국처럼 능력 위주의 인사 시스템이 철저하게 자리 잡은 나라에서는 가능할 수도 있지만, 한국은 그렇지 않다.

이러한 연공서열제는 연봉협상 테이블에서도 그대로 반영된다. 마치 공산주의 국가처럼, 내 연봉 인상의 한도는 내 능력보다 윗사람의 연봉이라는 벽에 의해 결정된다. 기업이 연봉 협상을 진행할 때, 매년 물가상승률을 반영하여 "이번에는 물가가 5% 올랐으니 연봉도 5% 인상해야겠다"라고 할까? 아니면 "이번에는 물가가 2% 올랐으니 연봉도 2%만 인상해야겠다"라고 할까? 그렇지 않다.

물가 상승의 요인은 환율, 유가 등 외부적이고 빠르게 변화하는 동적인 요소가 결정하지만, 월급은 기업, 노동시장, 정책 등 내부적이고 지연된 요소에 의해 움직인다. 결국 물가는 급격하게 오르지만, 우리의 월급은 이를 따라가지 못하는 구조적 한계를 가진다. 이 차이가 쌓이면 시간이 지날수록 우리는 점점 더 경제적으로 불리한 위치에 놓이게 된다.

또 한 가지, 임금은 내부 요인에 민감하게 반응한다. 기업은 자선단체가 아니라는 사실을 우리는 인지해야 한다. 자선단체가 아니기 때문에 기업에게는 매출이 필수적이다. 매출을 늘리고 생산성을 높여 수익을 확보해야만, 그리고 회사가 성장해야만 직원들에게 월급을 줄 수 있다. 얼만큼? 더 많이. 그럼 매출 상승에 기여하는 요인은 무엇일까? 제품과 서비스가 많이 팔려야 하기 때문에 경제가 활성화되어야 한다. 경제가 활성화되면? 물가가 오른다. 그리고 회사의 수익이 증대되면 여유가 생기고, 당신은 보너스를 받거나 월급이 조금 더 오른다.

결국 경제가 살아나야 기업은 활력을 찾고, 활력을 찾은 기업은 직원에게 더 많은 급여를 줄 수 있다. 즉, 우리의 월급은 시장경제에서 가장 후행한다. 그런데 직장인이라고 해서 "어차피 회사가 어려워져도 내 월급은 그대로 나와. 나는 월급루팡이야!"라고 생각하면 안 된다. 그것은 일시적인 현상일 뿐이다. 시장경제가 무너지고, 경기가 악화되며, 기업의 이윤이 사라지는 순간 회사는 망하고 당신의 안정적인 월급도 사라진다.

이런 변화는 절대로 단발적으로 일어나지 않는다. 단지 시장경제에서 우리의 월급이 가장 마지막 단계에 있기 때문에, 그 흐름을 체감하기 어렵고 대응이 늦어질 뿐이다. 결국 월급이 물가 상승을 따라갈 수 없는 상황에서 시간이 흐른다면, 나의 월급이 지속적으로 오를 가능성은 줄어든다. 그렇게 10년, 20년이 지나는 동안 내가 재직 중인 회사가 계속해서 매출을 늘리고 영업이익을 낼 것이라는 확신을 할 수 있을까? 확신할 수 없다면, 그 회사가 사라지지 않을 거라는 보장은 있는가?

60대 이후 인생을
어떻게 책임질 것인가

한국사회에서 지금 당장 살아간다는 것은 크게 어렵지 않다. 내가 아무런 능력이 없는 성인이라 해도 최저임금 1만 원 시대에 편의점에서 혹은 커피숍에서 점주가 시키는 일만 해도 주 40시간을 일한다는 가정하에 200만 원 이상의 돈을 벌 수 있다. 200만 원으로 생활이 힘들다고 이야기할 수도 있다. 하지만 그건 최소한의 의식주를 제외한 추가적인 무언가를 요구할 때 필요한 비용이다. 예를 들어 커피를 한 잔 마시지 않는다고 우리는 죽지 않는다. 현재 대한민국은 선진국이며 복지국가이기 때문에 최소한 노동에 대한 의지만 있다면 나를 굶기지는 않는다.

그래서 한국사회에서는 지금 당장 현실을 마주했을 때는 모두가 어느 정도 행복하게 살고 있다. 하지만 중요한 키포인트를 놓치고 있다. 이 책을 읽고 있는 독자들에게 묻는다. 과연 당신이 지금처럼 대한민국 평균 근로자의 월급 353만 원을 받으면서 살았을 때, 60대에 안전한 노후를 보낼 수 있을까? 나는 절대 아니라고 생각한다. "나는 지금 행복한데? 내가 큰 사치 없이 그냥 지금처럼만 살아도 나는 행복해. 무슨 소리를 하는 거야?"라고 생각할 수도 있다.

우리가 어떤 현실에 살고 있는지를 먼저 파악하자. 나는 불우하지도 부유하지도 않았다. 하지만 나는 확신하고 있었다. 우리 부모님 세대가 강조한 저축과 일반적인 직장생활을 한다면, 모두가 말하는 '내 집 마련'은 불가할 거라고. 그래서 2010년, 잘 다니던 대학교를 그만두었다. 그리고 2013년부터 산업전선에 뛰어들었다. 나는 왜 이런 선택을 했을까? 이건 내 파란만장했던 20대 초반 대학생 시절부터 천천히 설명해보겠다.

세종대학교 식품공학과에 입학했다. 공부를 특출나게 잘한 것도 아니었다. 문과였고, 좋은 대학을 가려면 공부를 잘하거나 내신 관리를 철저히 해서 논술 시험을 잘 보는 수밖에 없었다. 학업에 큰 뜻은 없었지만, 살면서 해보고 싶은 건 다 해보고 싶었고, 고등학생 때의 로망 중 하나였던 '서울'에서의 대학 생활을 경험하고 싶었다. 나는 욕심이 많았다. 그래서 내 수능 성적보다 더 좋은 학교를 가고 싶었고, 가성비를 중요하게 생각했기 때문에 경쟁력을 키울 방법을 고민했다. 서울 고등학교 친구들보다 유리하게 받을 수 있는 내신 성적을 활용해 논술 시험으로 대학에 합격하는 것이 내가 찾은 치트키였다.

그렇게 실행에 옮겼고, 내 성적으로 갈 수 있는 학교보다 한 단계 위에 있는 모든 대학의 논술 시험을 치렀다. 연세대, 고려대, 성균관대, 서강대, 한양대, 건국대, 동국대, 홍익대까지. 이때만 해도 세상의 쓴맛을 제대로 알지 못할 때였고, 논술만 잘 쓰고 학교에서 요구하는 최저 수능 점수만 맞추면 무조건 위 대학들에 진학할 수 있을 거라고 생각했다. 고등학생 시절에는 정해진 대로 주어진 학습만 하면 됐고, 좋은 학교에 입학하면 자연스럽게 돈을 많이 벌 수 있을 거라고 막연하게 믿었다. 하지만 결과는? 모든 학교 논술 시험에서 낙제. 세상은 생각보다 호락호락하지 않았다. 사실 세종대학교도 나에게는 과분한 학교였다. 정시 가, 나, 다군 모두 떨어지고 마지막 추가 합격으로 붙은 학교가 세종대학교 식품공학과였으니까.

그렇게 운 좋게 대학에 입학하게 되었다. 1학년 때는 신나게 놀았다. 과대표를 맡고 밴드부에 들어가 기타를 치면서, 캠퍼스 생활을 즐겼다. 내 주변에는 열심히 공부하는 친구들도 있었지만, 역시 끼리끼리 논다고 나와 비슷한 유형의 친구들이 많았다. 그러다 처음으로 미래에 대해 진지하게 생각했다. '내 전공을 살려서 무엇을 할 수 있을까?' 첫 번째 선택지는 대학 졸업 후 취직, 두 번째는 대학 졸업 후 석사 과정을 거쳐 취직. 결국 답은 취직이었다. 그럼 대학 생활을 하면서 높은 학점을 받으면 뭐가 달라질까? 좀 더 좋은 회사에 취직할 수 있겠지. 대기업에 들어가면 내 인생에 어떤 변화가 생길까? 좀 더 안정적인 직장, 좀 더 높은 연봉. 하지만 앞서 말한 우리나라의 연공서열제의 벽... 그렇다고 내가 미국으로 갈 수도 없었고, IT 계열의 고액 연봉자가 되기엔 넘어야 할 장벽이 너무 높은 문과생이었다.

결과적으로 대학은 취업을 위한 수단이고, 안정적인 직장에 취직하기 위한 과정일 뿐이었다. 하지만 급여는 정해져 있었고, 나의 한계를 넘어서기 위해서는 수많은 경력을 쌓아 이직을 반복해야 한다는 결론에 도달했다. 그렇다면 단순히 '돈'이 아닌, 내가 정말 하고 싶은 일은 무엇일까? 한 번쯤은 진지하게 고민해보는 것도 나쁘지 않을 것 같았다.

내가 다닌 세종대학교 식품공학과는 문과, 이과 학생들이 함께 오는 학부였고, 나름 높은 커트라인을 자랑하는 학과였다. 2학년이 되면서 호텔경영학과를 복수전공하는 것을 고려해봤다. 호텔경영? 뭔가 멋져 보였으니까. 하지만 현실적인 문제에 부딪혔다. 호텔경영학과를 졸업해도 나는 호텔을 경영할 수 없다. 결국 호텔에서 근로자로서 월급을 받으며 호텔 운영을 돕는 일을 해야 한다. 진짜 호텔을 경영하려면 내가 호텔을 세워야 하고, 그러려면 돈이 필요했다.

이 결론에 도달했을 때 나는 학교를 그만두었다. 평범하게 직장을 다니면서 받는 월급으로 당장 만족스러운 삶을 살 수는 있겠지만, 그 월급이 내 꿈을 이루게 해주거나 나의 미래를 보장해주지는 않는다는 사실을 깨달았기 때문이다.

  그래서 내 사업을 준비하기 위해 공장에 취직해 일을 배웠다. 그리고 2014년, 내 사업체를 차렸다. 30대 직장인의 평균 소득만큼 벌었지만, 회사생활과의 가장 큰 차이점은 끊임없는 경쟁 속에서 살아남아야 한다는 것이었다. 누군가 내 매출의 안정성을 보장해 주지 않는다는 현실을 매 순간 체감했다. 그렇게 20대 중반에 접어들 즈음, 모두가 다 한다는 집을 샀다. 하지만 돈이 부족했기 때문에 일반적인 방법으로는 살 수 없었다. 그래서 지역주택조합이라는 악의 구렁텅이에 빠지게 되었다. 당시 "현금 5,000만 원만 있으면 살 수 있다"는 분양대행사의 꼬드김에 넘어가 부동산에 무지한 나는 덜컥 계약했다. 그렇게 2017년, 4억 원에 인천 송도 아파트를 취득했다.

  매달 500만 원씩 근로소득을 올렸고, 생활비로 200만 원을 지출했다. 매달 300만 원을 저금했고, 그렇게 5년 동안 아무런 소비도 없이, 육아나 기타 비용 없이 모았더니 1억 8,000만 원이 되었다. 내 집 마련을 위한 20%를 확보한 것이다. 그리고 무려 8년이라는 시간이 걸려 2024년, 분양가는 6억 원으로 올랐다. 하지만 여기서 더 오르지는 않을 거라고 생각한다. 이에 대해서는 뒤에서 더 자세히 다루겠다.

  자, 이제 남은 4억 원을 모아야 한다. 지금과 같은 패턴을 유지하며 결혼도 하지 않고, 사치도 부리지 않으며, 육아도 없이 계속해서 저축해야 한다. 수도권 24평짜리 집을 마련하기 위해서는 월 500만 원을 벌면서 15년을 모아야 한다. 서울이라면? 이야기가 달라진다. 내가 회사에서 버는 근로소득만으로 자산을 형성할 수 있다는 믿음을 버려야 한다. 첫째, 앞서 말했듯 월급은 물가 상승을 따라가지 못한다. 둘째, 연공서열제에 묶여 보수적인 급여 상승이 이루어지는 동안, 나이가 들수록 주변 환경이 바뀌며 소비가 늘어난다. 결혼을 하려면 결혼자금이 필요하고, 맞벌이를 하더라도 육아비용이 들며, 자녀가 학교에 가면 학원을 보내야 하고, 가끔 외식도 해야 한다. 사치를 부리자면 해외여행도 가야 한다.

이 모든 전제조건을 없앤다고 해도, 20년 동안 아무것도 하지 않고 오직 내 집 마련만을 위해 저축한다면, 사회생활을 시작하는 30살 기준으로 6억짜리 아파트를 은행과 공동투자(대출) 없이 온전히 내 소유로 만들기까지 외곽 지역 기준 30년이 걸린다. 그러면 60세가 된다. 자, 이제 60세에 내 집 마련에 성공했다. 그럼 앞으로 어떻게 살아갈 것인가? 내가 정년퇴직을 해야 하는 상황에서 계속 급여소득을 올릴 수 있을까? 아니다. 국민연금이 평생 먹거리를 보장해줄까? 내 주변에서 국민연금으로 노후를 걱정 없이 살 수 있다고 믿는 사람은 한 명도 보지 못했다.

추가적으로, 내 나이 60에 내 자녀는 성인이 되어 있을 것이고, 만약 내가 아무 지원도 해주지 않았다면? 이제 사회에 나아갈 내 자녀를 위해 지원을 하다 보면, 결국 내 노후는 없어진다. 심지어 30년간 아껴서 마련한 내 집을 팔아야 하는 상황이 올 수도 있다. 이것이 우리의 현실이다. 그리고 이 현실을 타개하기 위해 우리가 반드시 해야 하는 것이 '투자'다. 다른 이유가 아니다. 단지 20년, 30년 뒤에 내가 살아남기 위해서, 필수적으로 해야 하는 것이다.

나에게 항상 어른들은 말씀하셨다. 차곡차곡 저축해야 한다고, 대기업에 취직해서 월급을 차곡차곡 모으면서 아껴야 잘 산다고. 하지만 정말 아끼는 것만으로 잘 살 수 있을까? 위 글을 읽어봤다면 이제는 아끼는 것만으로 우리의 삶 중 "주거" 문제를 해결하지 못한다는 사실을 알게 되었을 거라 믿는다. 그럼 왜 우리 부모님 세대 혹은 조부모님 세대에서는 나에게 이런 교육을 하셨을까? 정답은 "우리 부모님 세대에는 가능했기 때문"이다. 왜일까? 그건 우리 부모님 세대, 우리 조부모님 세대가 지금 이미 선진국이 된 대한민국이 아니라, 개발도상국이던 70~80년대를 거쳐 현재까지 엄청난 경제 발전과 물가 상승, 인플레이션을 경험한 세대이기 때문이다. 한국이라는 나라가 후진국에서 선진국의 반열에 오르는 과정에서, 그들은 경제 성장을 온몸으로 겪어왔다. 하지만 지금의 경제 상황을 객관적으로 파악하기는 어려울 것이다.

가장 단편적인 예를 들어보자. 우리 부모님은 2000년도, 내가 초등학교 시절 월급이 50만 원이셨다. 그리고 인천의 34평 아파트 가격은 5,000만 원이었다. 즉, 100개월, 약 8년만 열심히 일하면 내 집한 채를 마련할 수 있었다. 그리고 그 아파트는 한국의 급속한 경제 성장과 함께 물가 상승을 맞이하며 10억 원까지 올랐다. 5,000만 원에 분양받은 아파트가 20배나 오르는 동안, 그들은 열심히 일하기만 하면 내 집을 가질 수 있었다.

그럼 지금 현실은 어떨까? 부모님 세대와 우리 세대가 정말 동일 선상에 있는지 비교해 보면 가장 간단하다. 부모님이 거주하시는 10억짜리 집을 지금 내가 분양받으려면, 내 월급 300만 원으로 333개월을 일해야 한다. 부모님보다 3배 더 일해야 한다. 그럼 그렇게 10억에 분양받은 아파트가, 내가 부모가 되어 자녀가 생겼을 때 과연 20배 올라 200억에 거래될 수 있을까? 나는 확신한다. 절대 그럴 수 없다. 왜일까? 계속 말해왔다. 물가 상승과 인플레이션이 임금 상승을 따라간다고.

2000년도 최저임금은 1,600원, 2025년 현재 최저임금은 10,000원. 25년 동안 대략 6배가 올랐다. 과연 2050년에 우리나라 최저 시급이 6만 원이 될 수 있을까?

최저임금이 6만 원이라면? 월급으로 따지면 다이소에서 아르바이트를 하면서 200만 원을 받던 사람도 2025년엔 1,200만 원을 받아야 한다. 1,200만 원을 받을 수 있을까? 나는 아니라고 본다. 왜? 우리나라는 이미 선진국 반열에 올랐기 때문이다. 나는 객관적으로 우리나라의 미래를 일본이 보여주고 있다고 생각한다. 흔히들 말하는

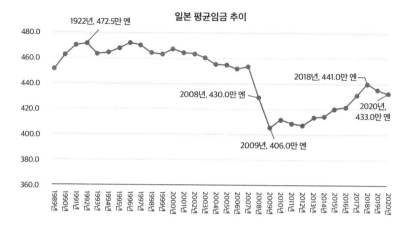

일본 평균임금 추이

30년간 변함없는 일본의 평균임금

1922년, 472.5만 엔

480.0
460.0
440.0
420.0
400.0
380.0
360.0

2018년, 441.0만 엔

2008년, 430.0만 엔

2020년, 433.0만 엔

2009년, 406.0만 엔

1989년 1990년 1991년 1992년 1993년 1994년 1995년 1996년 1997년 1998년 1999년 2000년 2001년 2002년 2003년 2004년 2005년 2006년 2007년 2008년 2009년 2010년 2011년 2012년 2013년 2014년 2015년 2016년 2017년 2018년 2019년 2020년

"잃어버린 30년 일본"처럼 실제로 우리나라의 최저임금과 일본의 최저임금은 이제 역전 현상이 일어나고 있다. 일본은 30년간 경제 성장이 없었고, 인플레이션이 없었고, 임금 상승도 없었다. 이게 비단 일본만의 현상일까? 우리나라가 일본만큼 경제 성장이 멈춰 있을 거라고는 생각하지 않는다. 하지만 6배 이상의 상승은 힘들 거라고 본다. 6배 이상의 경제 성장이 25년 안에 이루어지려면? 우리는 미국을 제치고 세계 최고의 선진국 자리에 올라야 한다. 가능할까? 정말 아쉽게도 불가능할 거라 생각한다.

이런 개발도상국과 선진국 세대의 차이점에서 오는 아시아권의 독특한 문화가 있다. 우리나라에서는 흔히 "MZ세대"라고 부른다. MZ 세대는 1980년대 초반부터 2010년대 초반 사이에 태어난 밀레니얼 세대(M세대)와 1990년대 중반부터 2010년대 초반에 태어난 Z세대를 아우르는 용어로, 독특한 소비문화와 라이프스타일을 가지고 있다. 여행, 전시회, 맛집 탐방, 공연 관람 등 새로운 경험에 지출을 아끼지 않으며 "내가 버는 만큼 편하게 소비하자"라는 마인드를 가지고 있다. 하지만 앞으로 우리나라 경제가 일본과 같은 정체기에 접어든다면 이런 MZ 문화도 사라질 거라 생각한다.

　일본에는 "유토리 세대"라는 말이 있다. 이는 현재 우리나라가 맞이하고 있는 시대를 먼저 겪은 일본의 세대를 의미한다. 예전 일본 하면 떠오르는 기업들, 소니, 미쓰비시, 도요타, 닌텐도, 후지카메라 같은 회사들이 지금은 세계적인 영향력을 많이 잃어버렸다. 대기업들은 경제 성장의 한계에 부딪히며 매출과 영업이익이 정체되고, 신규 채용이 줄어든다. 하지만 기존 직장인들을 해고하기는 어려운 사회 구조, 높은 교육열 속에서 배출된 고학력 젊은이들의 증가, 이 두 가지 요인이 겹치며 일본은 심각한 취업난에 직면했다. 우리나라로 따지면 서울대, 연세대, 고려대를 졸업한 고학력자들도 대기업 취직이 어려운 상황이다. 취직을 해도 앞이 보이지 않는 현실 속에서 유토리 세대는 성공을 포기하고 도쿄와 도심의 부동산 가격이 폭등하자 외곽 지역에서 렌트로 살며 "다이소에서 일하고, 다이소에서 생활하는" 소비 흐름이 트렌드로 자리 잡는다. 덜 벌고 덜 쓰겠다는 트렌드. 하지만 이는 개인의 의지가 아니라 사회 구조적인 문제로 인해 어쩔 수 없이 선택하는 것이라는 점을 우리는 주목해야 한다. 나는 이것이 단순히 남의 나라 일이 아니라고 생각한다.

급격한 경제 변화가 일어난 중국에서는 "탕핑족"이 등장했다. 이는 중국에서 새롭게 생긴 신조어로, "바닥에 드러눕는다"는 뜻에서 유래한 단어다. 과도한 경쟁과 성공 압박에 지친 젊은 세대가 적극적으로 사회적 야망이나 성취를 포기하고, 모든 것을 내려놓는 현상을 의미한다. 다행히도 나는 한국에서 이런 미래는 오지 않을 거라고 생각한다. 하지만 단순히 월급쟁이로 노후를 준비하기에는 사회, 경제, 문화가 너무나 빠르게 변화하고 있다.

MZ, 유토리, 탕핑, 이런 사회현상이 일어난 시점은 언제일까? 불과 몇 년 되지 않았다. 우리는 이 빠른 변화의 흐름을 읽지 못하면 뒤처지는 사회에서 살고 있다. 무사안일주의로 살아가면 안 되는 사회다.

이전과 같은 드라마틱한 경제 성장이 불가능한 한국에서 지속적으로 월급만으로 살아가기엔 우리의 60대 이후 인생은 너무나도 불확실하다. 현실에 안주하며 살아도 괜찮다. 하지만 당신이 60대 이후에도 지금과 같은 안락한 현실을 유지하려면, 우리는 이 처절한 자본주의 시장에서 월급만으로는 살아남을 수 없다는 사실을 받아들여야 한다. 그렇기에 "돈" 공부는 선택이 아닌 필수다. 나는 이 "돈" 공부를 위해, 내 인생에서 끊임없이 "리스크"를 감수하며 살아가고 있다. 단지 살아남기 위해서.

05

나는 부자라서 건물주가 아니다
부자가 되기 위해 건물주를 한다

"건물주"라는 단어를 들으면 어떤 생각이 떠오르는가? 아마도 나와는 거리가 먼, 금수저들이나 성공한 사업가들의 종착지라고 여길 것이다. 혹은 매일 아침 호텔 회원권으로 피트니스 센터에서 운동을 하고, 호텔 라운지에서 조식을 즐기며, 기사가 대기하고 있는 고급 승용차를 타고 출근하는 회장님을 떠올릴지도 모른다. 나 또한 건물주가 되기 전까지는 그렇게 생각했다. 하지만 이는 너무도 당연한 인식이다. 왜냐하면 건물은 비싸다고 생각하니까.

하지만 내가 지금부터 말하고자 하는 건물주는 당신이 생각하는 건물주와는 정반대의 개념이다. 내가 하는 투자 방식은 건물을 사는 것이 아니라 "땅"을 사는 행위다. 건물주를 만든다더니 웬 땅 이야기냐고 할 수 있다. 하지만 내가 말하는 방식은 완벽한 건물을 매수하는 것이 아니다. 오래되고 낡은 건물을 매수하는 것이다. 그렇다면 그런 건물은 얼마에 살 수 있을까? 나는 건물 가격을 주는 것이 아니라, "토지 가격"만을 지불하고 건물은 사실상 공짜로 가져오는 방식을 취한다. 그리고 그 건물에 새로운 가치를 불어넣는다.

그 가치를 불어넣는 방식은 여러 가지가 있을 수 있다. 그렇다면 "가치를 불어넣는다"는 것은 무슨 의미일까? 결국 "싸 보이는" 건물을 "비싸 보이게" 만드는 행위다. 그것이 내적인 변화든 외적인 변화든 상관없이, 건물의 가치를 상승시키는 것이 내가 하는 일이다.

항상 웨이팅이 있는 힙당동의 주신당

외적으로는 리모델링이 될 수 있다. 최근 을지로, 신당, 성수동 등

에서 레트로 감성과 옛것을 추구하는 트렌드가 강하게 형성되고 있다. 이러한 분위기를 활용하면 건물의 가치를 높이는 데 큰 비용을 들이지 않고도 효과적인 결과를 낼 수 있다.

예를 들어, 사진에 보이는 주신당이라는 주점을 보자. 사진 속 건물은 마치 쓰러져 가는 듯한 모습이다. 하지만 바로 옆을 보면, 깔끔하게 인테리어된 카페가 자리하고 있다. 그렇다면 주신당은 단순히 외부 인테리어를 할 돈이 없어서 저렇게 방치한 걸까? 아니다.

오히려 역으로 생각해 보자. 허물어져 가는 건물을 그들이 원하는 "힙"한 느낌이 나는 공간으로 포장할 수 있다면? 우리는 굳이 많은 비용을 들여 인테리어를 하지 않아도 되고, 리모델링 비용을 아끼면

페인트칠 전	페인트칠 후

서도 "감성"이 있는 공간처럼 보이게 만들 수 있다. 결국, 내가 매수하려는 건물의 특성만 잘 파악한다면, 휘황찬란한 리모델링 없이도 건물의 가치를 충분히 끌어올릴 수 있는 시대가 왔다는 것이다.

세입자를 맞춰야 하는 건물이라면, 단순한 사무실 수요가 있거나 임차인의 특색이 없는 지역이라 하더라도 "이쁜척"하는 화장, 즉 간단한 리모델링을 통해 건물의 가치를 올릴 수 있다.

사진 속 건물은 내가 보유한 건물로, 매수하기 전(페인트칠 이전)과 매수 후(페인트칠 이후)의 모습이다. 건물을 리모델링하는 데 나에게 필요했던 것은 무엇일까? 단지 페인트 업자를 알아보는 노력과 700만 원이었다.

그렇다면 이런 간단한 작업을 통해 건물의 상태는 어떻게 변했을까? 기존에 월세 300만 원을 받던 건물은 현재 월세 1,900만 원을 받고 있다.

여기서 중요한 점은, 리모델링은 누구에게나 그 가치가 인정될 수 있어야 한다는 것이다. 예를 들어, 건물 내부에 휘황찬란한 샹들리에를 달거나 바닥을 이탈리아산 천연 대리석으로 깔아 3억 원을 투자했다고 해도, 세입자는 이를 3억 원의 가치로 보지 않는다.

리모델링에서 가장 중요한 것은 "가성비 있는 인테리어"와 "보여지는 곳에 돈을 투자하는 전략"이다.

앞서 말했듯, 이 건물은 준공된 지 30년이 지난 건물이었다. 나는 건물값 0원에 토지 가격만 지불하고 매수했으며, 단 700만 원의 페인트칠만으로 이 건물은 새로운 가치가 부여된 건물로 재탄생했다.

세입자 들어오기 전	세입자의 PT샵

내적으로는 세입자가 될 수 있다. 흔히들 말한다. "은행이 들어와 있는 건물 주인은 좋겠다. 은행은 한 번 들어오면 나갈 일이 없고, 돈이 많으니 임대료도 잘 낼 테니까." 하지만 그런 생각을 할 시간에 나는 "은행을 들여올 방법"을 고민했다. 그 결과, 1층과 2층에는 은행을 임차했고, 3층에는 결혼정보회사가 사무실로 사용하던 공간을 요즘 인기 있는 'PT샵'으로 바꿔 임차를 맞췄다. 이제 이 건물을 매도한다고 가정해보자. 사진 속 왼쪽에는 일반 사무실, 오른쪽에는 PT샵이 입점해 있다. 만약 건물의 임대료, 매매가격 등 모든 조건이 동일하다면 어떤 건물을 선택하겠는가? 당연히 우측 건물을 택할 것이

다. 왜냐하면 우측 건물이 더 가치 있어 보이고, 외관상으로도 매력적이기 때문이다. 대다수가 같은 선택을 한다는 것은 그만큼 그 건물의 가치를 인정한다는 뜻이고, 이는 내가 보유한 자산의 가치를 상승시키는 중요한 요소가 된다. 결국 세입자가 중요하다는 이유는, 건물의 실제 가치를 결정하는 핵심 요인이 되기 때문이다.

　행정적으로는 용도변경이 될 수 있다. 부동산 투자시장에도 트렌드가 있다. 과거에는 개인이 주택 및 다가구주택을 취득하는 것이 인기였다. 당시에는 개인 혹은 개인사업자가 DSR, LTV 등의 규제에서 비교적 자유로웠기 때문이다. 그 결과, 현재 강남 도심 곳곳에 30년 이상 된 노후 주택이 혼재해 있는 상황이다. 하지만 지금 강남에서 건축을 한다면, 당신은 다가구주택(소위 말하는 빌라 혹은 상가주택)을 신축할 것인가? 아니다. 현재 트렌드는 근린생활시설(상업용 건물)이다. 그 이유는 간단하다. 강남의 사무실 수요가 폭발적으로 증가했기 때문이다. 즉, 임대료를 감당할 수 있는 능력 있는 세입자들이 강남으로 모이고 있으며, 이는 강남뿐만 아니라 강북과 서울 전역에서 나타나는 흐름이다. 또한, 주택을 매수하는 데 대한 규제가 강해졌다. 다주택자에게 부과되는 재산세 및 취득세 중과, 법인이 주택을 매수할 때 추가적으로 부담해야 하는 세금, 대출 제한 등 금융 규제 강화.

　이러한 이유로 인해 현재 부동산 시장에서는 노후 주택을 근린생활시설로 '용도변경'하는 트렌드가 자리 잡고 있다. 뿐만 아니라, 다가구주택을 단순히 근린생활시설로 전환하는 것이 아니라, 외국인 및 내국인의 숙박 수요가 충분한 지역이라면 '호스텔'로 용도변경하는 흐름도 강하다. 에어비앤비와 같은 단기 숙박 시설, 감성 숙소(모텔·호텔·부티크 스테이)로 변경하여 직접 운영하는 투자 방식이 인기를 끌고 있다. 즉, 세입자·건물 용도·입지에 대한 전략적인 변화만으로도 건물의 가치를 극대화할 수 있으며, 이러한 차이를 아는 사람이 부동산 시장에서 승리한다.

결국 내가 말하는 건물주의 정의는 이 하나로 귀결된다. "노가다꾼." 건물 하면 1000억짜리 강남대로 고층 빌딩을 떠올렸던 당신에게 나는 오래된 건물을 제안한다. 왜냐? 1000억짜리 강남대로 건물을 소유한 사람은 건물주가 아니다. "갓물주"다. 물론 나도 이런 "갓물주"가 되는 것이 꿈이다. 하지만 나는 이 꿈을 이루기 위해 지금 노후 건물을 매수해 가치를 부여하고 매각하거나, 시세보다 낮은 급매물을 매수해서 손을 보고 시세에 매각하는 방식으로 투자를 하고 있다. 상속·증여·사업상의 이유로 어쩔 수 없이 손절하는 물건들을 시세 이하로 매수한 후, 약간만 손봐서 제값을 받고 되파는 방식. 이러한 간단한 투자 방식만 지킨다면 누구나 건물주가 될 수 있다. 하지만 대부분 시도조차 하지 않는다. 왜일까? 알려주지 않기 때문이다. 건물 투자에 대해 쉽게 설명해주는 사람이 없고, 나 역시 처음에는 답답했다. 그래서 10년 동안 직접 발로 뛰었다.

인생의 모든 흐름은 동일하다. 내가 초등학생일 때를 떠올려보자. 처음엔 덧셈과 뺄셈을 배운다. 그런데 부모님이 나에게 미분·적분을 하지 못한다고 혼내셨을까? 아니다. 왜냐하면 수학을 배우는 과정은 기초부터 시작하는 것이 당연하기 때문이다. 건물 투자도 마찬가지다. 나는 첫 직장에서 시화공단에서 월급 150만 원을 받으며 일했다. 하지만 그런 내가 첫 월급부터 삼성전자 임원급 연봉 1억을 받지 못했다고 좌절했을까? 전혀 아니다. 당신 역시 사회생활을 막 시작한 새내기라면 처음부터 임원급 연봉을 기대하지 않을 것이다. 그런데 왜 건물주 하면 곧바로 서울 대로변 빌딩만 떠올리는가? 이는 마치 초등학생이 미분·적분을 못한다고 부모님께 혼나거나, 신입사원이 임원 급여를 받지 못한다고 좌절하는 것과 같은 개념이다.

우리가 아파트를 살 때 시드머니가 부족하면 어떻게 하는지 떠올려보자. 흔히 하급지에서 상급지로 "갈아타기"를 한다. 경기도권 아파트를 매수해서 강남으로 갈아타듯, 처음엔 작은 평수에서 시작해 점차 넓혀가듯, 건물 투자도 동일한 방식으로 접근해야 한다. 단계를 밟아가며 하나씩 성장해야 한다.

당신과 나의 꿈은 같다. 강남 건물주. 하지만 지금 우리의 현실은 다르다. 그들만의 세상인 500억대 수익률 2~3%짜리 건물을 매수할 능력이 없다. 나 또한 마찬가지다. 만약 이런 능력이 있는 사람이라면 이 책을 덮길 바란다. 이미 잘하고 계시고, 앞으로도 자신만의 방식으로 잘할 수 있을 테니까. 하지만 그렇지 않다면 건물주의 시작은 절대로 강남·서울 핵심 지역 대로변 빌딩이 아니다. 다시 한 번 말하지만 천천히, 하나씩 시작해야 한다.

하지만 그 시작을 어떻게 할지 모를 것이다. 그래서 이 책을 펼쳤을 것이다. 그래서 나는 이 책을 집필하게 되었다. 그리고 이 책을 통해 그런 당신에게 명쾌한 해답을 제시해주고 싶다.

MIND

6장

평범하게
태어난 당신이
특별하게 사는 방법

01

통장 잔고보다 중요한 건,
당신의 마음 그릇 잔고다

많은 사람들이 묻는다. "얼마 있으면 건물 투자를 할 수 있나요?" 앞서의 예시에서 봤듯, 평범한 주부도 건물주가 될 수 있었고, 일정한 소득이 없는 프리랜서도 다양한 방법을 통해 건물주가 되었다. 중요한 것은 내가 가진 금액이 아니라, 지금 내가 가지고 있는 현금 여유와 현금 흐름, 그리고 내 상황에 맞는 최선의 투자를 하는 것이다. 만약 일부 부족한 점이 있다면, 그것은 오히려 동기부여가 된다. 부족한 부분이 돈이라면, 나는 부족한 자금을 마련하기 위해 조금 더 저축할 수 있을 것이고, 대출을 통한 레버리지가 부족하다면, 더 원활한 현금 흐름을 만들어서 은행에서 빌릴 수 있는 대출 금액을 늘리거나, 다양한 지원금을 활용할 방법을 찾을 것이다. 결국, 이는 자기 발전과 자산 형성에 도움이 되는 긍정적인 역할을 한다.

이전에는 건물 투자가 진입 장벽이 높다고 느껴져 도전하지 못했다면, 이제는 그 부분을 내가 모두 해결해 줄 수 있다. 이 책과 다양한 플랫폼을 통해, 알기 쉽게 편안하게 접근할 수 있게 될 것이다. 이제 남은 것은 당신의 노력이다. 통장 잔고보다 중요한 것은 당신의 마음 그릇 잔고다. 얼마나 내가 의지가 있는지가 가장 중요하다. 의지가 있다면, 현재 가능한 상황에서 작은 투자부터 진행하고 단계별로 나아갈 것이다. 불가능한 상황이라면 가능한 상황을 만들기 위해 노력할 것이다. 이 책을 통해 나와 함께 여기까지 온 독자라면, 나는 확신한다. 당신의 마음 그릇 잔고는 이미 당신의 통장 잔고를 넘어설 것이다.

건물주의 조건에 수저의 색 차이는
필요하지 않았다

출처: 네이버 이미지

나는 부유하지 않지만 불우하지도 않았다. 그렇지만 투자에 있어서는 그 어떤 배경도 중요하지 않다는 것을 깨달았다. 인스타그램을 보면 성공한 사람들이 많고, 그들은 왜 그렇게 많은 불우했던 시절을 지나왔는지 이해가 가지 않기도 한다. 혹시 내 인스타그램을 통해 나를 처음 보는 분들에게 말씀드리자면, 나는 유년 시절이 불우하지 않았다. 남들처럼 외식 한 번 하지 못했던 기억은 없다. 먹고 싶은 건 다 먹을 수 있었고, 외동이라 과자 창고도 있었다. 남들이 얘기하는 '집 좀 사네' 정도였다. 어디서? 인천에서. 하지만 인천에서 어느 정도 살아봤자, 서울 핵심지역의 부자들과는 다를 수밖에 없었다. 그들과는 동떨어진 삶을 살았던 게 현실이다. 요약하자면 나는 그저 평범한 사람이다. 그래, 나도 당신과 같은 소시민이다. 그리고 강남 건물주가 되겠다는 꿈을 향해 발버둥치는, 똑같은 사람이다.

그래, 그게 뭐 어쨌냐고? 이 책을 읽고 내가 보낸 10년의 시간 동안 겪었던 시행착오를 제외한 모든 실전 팁을 당신에게 전달하면, 단지 내가 2년 정도 빨랐다는 것 외에는 우리 모두 다를 게 없다는 것이다. 당신도 나처럼 충분히 할 수 있고, 부자가 될 수 있다.

당신이 만나는 사람 5명의 평균이
바로 당신이다

주변 환경이 사람을 만든다는 말에 나는 전적으로 동의한다. 내가 인천 주안8동에서 초등학교를 다닐 때, 내 주변 친구들은 공부에 큰 관심이 없었다. 학교가 끝나면 우리는 축구를 했고, PC방에 가서 게임을 했다. 그때까지는 초등학생들이 모두 이렇게 살 거라고 생각했다. 그런데 6학년 때, 인천 송도로 전학을 갔다. 그곳은 이전 동네보다 학구열이 훨씬 높았다. 40명 중 30등을 했을 때, 나는 충격을 받았다. 원래 다니던 학교에서는 공부를 하지 않아도 항상 상위권이었다. 그런데 전학 온 학교에서는 방과후에 모두가 학원에 갔고, 나만 놀러 다니면 나만 따돌림을 당하는 기분이었다. 그래서 공부를 시작했고, 학원에 다니기 시작했다. 그때는 그것이 당연한 일인 줄 알았다. 내 주변 환경이 내 삶을 바꾼 것이다.

내가 제조업에서 공장에 취직했을 때와 서울로 올라가서 다양한 사회에서 사람들을 만났을 때도 마찬가지였다. 그들이 생각하는 바는 모두 달랐다. 그 차이가 나에게 큰 영향을 끼쳤다. 지금 이 책을 쓰고 있는 상황도 내가 최근에 만나는 5명의 영향이 크다. 월급쟁이라면, 그러나 책 제목처럼 건물주로 은퇴하고 싶다면, 건물주가 되기 위해 애쓰는 월급쟁이들을 주변에 두길 바란다. 혹은 이미 건물주인 사람들을 두길 바란다. 유년 시절엔 내 주변 환경을 내가 컨트롤할 수 없었지만, 지금 사회에서는 내가 원한다면 내가 만나는 사람들을, 공통의 관심사를 가진 사람들을 충분히 찾아낼 수 있고 만날 수 있다.

만약 이런 커뮤니티를 찾는 게 어렵다면, 또한 당신의 주변 사람을 당신과 같은 성공을 꿈꾸는, 혹은 이미 성공한 사람들로 바꾸고 싶다면, 내가 운영하는 커뮤니티에 들어오길 바란다. 성공은 멀리 있지 않다. 건물주? 그건 꿈이 아니라, 당신이 만나는 주변 사람의 현실이고, 결국 당신의 현실이 될 것이다.

돈은, 자신을 멀리하는 사람에게 결코 기회를 주지 않는다

　무엇이든 가까이 하는 자에게 기회가 온다. 공부를 가까이 하는 자에게는 서울대 합격증서가 주어지고, 노력하는 자에게는 1등이라는 트로피가 주어진다. 물론, 선천적으로 뛰어난 유전자를 가진 사람과의 대결에서는 불리할 수 있다. 그러나 불리하다고 해서 노력하지 않는 자와, 끊임없이 노력하는 자 사이에서는 노력하는 자가 이길 확률이 훨씬 높다. 돈도 마찬가지다. 절대로 돈을 멀리하지 말아라. 돈의 속성은 자석과 같다. 내가 돈을 가까이 할수록 나에게 가까워지고, 멀리할수록 나에게서 멀어진다.

　가끔 이런 말을 하는 사람들이 있다. "저는 돈에는 관심이 없어요." 하지만 그것을 정말 조심해야 한다. 그런 사람들은 사실 가장 돈에 관심이 많은 사람들일 수 있다. 진정으로 돈에 관심이 없다면, 그 이야기를 굳이 타인에게 말하며 설득할 필요가 없다. 물론 정말 돈에 관심이 없는 일부 부자들이 있을 수 있다. 하지만 그들은 이미 엄청난 부자일 것이다. 본인이 돈에 관심이 없어도, 이미 많은 것을 가지고 있기 때문에 돈이 돈을 불러오는 그런 부자들... 하지만 나는 그런 부자가 아니다. 이 책을 펼친 당신도 대기업 총수의 자녀와 같은 부자는 아닐 거라고 생각한다. 그렇다면 우리는 돈을 가까이 해야 한다. 돈을 가까이 하기 위해 다양한 노력을 기울여야 한다. 그것이 나의 직업의 전문성이든, 주변 인프라 구축이든, 사업 구조의 개선이든, 그런 노력들을 지속하다 보면 돈 또한 당신에게 따라오게 될 것이다.

05

'진득히' '오래' 라는 단어를
지금 당장 인생에서 지워라

내가 가장 싫어하는 말이 있다. 바로 "다음에 밥 한번 먹자"는 말이다. 너무나 추상적이면서 현실을 회피하려는 말이라고 생각한다. 만약 정말 오랜만에 보고 싶은 친구를 만났다면 어떤 말이 나올까? "다음에 밥 한번 먹자"가 아니라, "지금 시간 괜찮으면 지금 밥 먹으러 가자"라는 말이 나오는 게 당연하다. 그럼 "다음에 밥 한번 먹자"는 말을 하는 상대에게, 나는 우선순위에서 밀려있다는 것이다. 변명할 수 있다. "정확히 시간을 정해서 만나야 더 깊이 대화할 수 있으니까?" 아니다. 그냥 그건 지금 당장의 상황을 회피하기 위한 말일 뿐이다.

일에서도 똑같다. 직원에게 일을 시키면 누군가는 당장 시작한다.

결과가 좋지 않아도 일단 한다. 하지만 누군가는 "진득히 생각할 시간을 달라"고 한다. 물론 좋은 결과를 도출할 수도 있겠지만, 같은 시간에 100번 실행해서 10번 성공한 사람과 100번 실행할 시간에 10번 실행해서 10번 성공한 사람 중, 어떤 사람이 다음 실패 확률을 낮출 수 있을까? 전자가 분명하다. 같은 시간 동안 둘 다 10번의 성공을 거두었지만, 전자는 90번의 실패도 겪었다. 그럼 다음에 성공할 확률은 전자가 훨씬 더 높을 것이다. 절대로 일을 미뤄선 안 된다. 하기 싫은 일이어도 일단 해야 한다. 투자도 마찬가지다. 수많은 투자 상담을 하다 보면 "이게 마음에 안 들어서, 저게 마음에 안 들어서 나는 못해"라는 사람이 있다. 나와 같이 건물 투자에 대해 공부했던 친구가 있다. 나는 불완전한 부분이 있더라도 일단 했다. 오래된 건물이지만 보수를 하면 된다고 생각했다. 내 친구는 보수하는데 돈이 많이 들 거라 했다. 공실이 난 건물이지만 임대를 맞추면 된다고 생각했다. 내 친구는 공실 리스크를 해결할 수 없으면 어쩌냐고 반박했다. 그렇게 나는 몇 번의 도전에서 성공하기 위해 나의 마음 그릇 잔고를 키워나갔다. 건물주의 조건에 수저의 색은 필요하지 않았기 때문에 주변에 다양한 수저의 나와 같은 성공하고 싶은 사람들을 두었다. 돈을 가까이 했다. 그리고 건물을 사고 팔았다. 반면 진득히 보자, 오래 보자, 생각하고 신중하게 단점이 없는 건물을 사자고 했던 내 친구는 어떻게 되었을까? 지금도 똑같이 그러고 있다. 더 이상 말을 아끼겠다. 지금 당장 시작해야 한다. 비록 불완전한 부분이 있더라도 내가 해결해 나갈 생각을 하고 당장 실천한다면, 그리고 그 불완전한 부분을 내가 채워 나간다면, 투자에 있어서는 실패란 없다. 지금 당장 시작해라.

일단 한번 성공의 맛을 보면, 그 다음부터는 탄탄대로다

이 책을 읽으면서 우리는 한 사이클의 투자를 돌려보았다. 그리고 당신은 나와의 책으로 모의 첫 투자를 통해 0원 투자를 경험했다. 물론 말이 쉽다. 쉽지 않다는 건 나도 알고 있다. 하지만 당신은 쉽다. 왜? 내가 있으니까. 이미 시행착오는 10년간 내가 투자를 해오면서 다 겪었다. 시행착오는 나 하나로 족하다. 왜? 당신은 이 책을 펼쳤고 나와 소통하고 있으며, 여기서 나오는 나의 실전 투자 스킬과 핵심만 받을 권리가 있으니까. 책으로 상상하고, 추후 있을 온라인 상의 실제 물건을 분석하는 무료 강의에 참여해라. 또한 책의 내용을 복습할 수 있는 영상을 제공하고 있으니 다음 링크로 들어가서 꼭 복습하길 바란다.

만약 이렇게 한번의 투자에 성공한다면 다음은 더욱 쉽다. 저렴하게 매입한 건물을 재감정할 시에는 담보가치가 올라가 있을 것이고, 이후 투자는 내가 가진 담보를 제공하면서 레버리지를 높여가면 된다. 이렇게 건물 투자의 눈을 뜬다면 이후에는 건물 투자를 기반으로 한 다양한 영역에 도전해 볼 수 있다. 내가 사옥을 위한 공장 취득에서 시작해서 임대업으로 전향하고 숙박업을 진행하듯, 대수선, 디벨롭, 신축 등 모든 투자에 대한 경험을 더욱더 키워나갈 수 있을 것이라 확신한다.

지금 이 책을 읽는 당신과 나의 차이점은 위에서 설명한 건물 투자를 1사이클 돌려봤냐, 돌려보지 않았냐의 차이일 뿐이다. 단지 나는 이 1사이클의 투자 기법을 습득하기 위해 10년이라는 시간이 걸렸고, 당신은 단점은 버리고 장점만, 핵심만 습득하여 나와 같이 투자 소득을 올려나갈 존재라는 것뿐. 시행착오를 끝없이 반복하며 실질적인 매각과 수익화 시점에 접어든 건 나 또한 얼마 되지 않는다. 대략 3년? 역으로 말하면 당신은 이 교육, 컨설팅, 이 책을 통해서 나보다 충분히 앞서 나갈 수 있는 사람이 될 수 있다는 것이다. 당신이 앞서 나간다면 나는 뿌듯할 것이다. 왜냐고? 이곳은 서로의 경쟁이 있는 시장이 아니기 때문에 내가 피해 보는 일은 없을 것이고, 서로가 발전해 나가면서 얻을 수 있는 정보 공유의 장은 무한하기 때문이다. 우리가 이 책으로만 끝나는 인연이 아닌 서로가 소통하며 발전할 수 있는, 공통의 관심사를 가진 친구로 발전해 나가길 바란다.

출처: 네이버 이미지

**월급쟁이
건물주로
은퇴하라**

ⓒ영끌남

초판 10쇄 인쇄 2025년 4월 1일

지은이 영끌남
디자인 김지혜
마케팅 코주부북스
펴낸곳 코주부북스
이메일 cojooboobooks@gmail.com

ISBN 979-11-990158-5-2 (03320)